Prof. Dr. Werner Burgheim
Hospizarbeit woher -wohin?
Entwicklungen Konzepte Anregungen

Impressum

Bibliografische Information der Deutschen Nationalbibliothek:
Die Deutsche Nationalbibliothek verzeichnet diese Publikation in der Deutschen Nationalbibliografie; detaillierte bibliografische Daten sind im Internet über http://dnb.dnb.de abrufbar.
© 2017 /2. Aufl. Werner Burgheim und Forum-Verlag Herkert, Merching
Illustration: Werner Burgheim
Abdruckrechte vom Forum-Verlag Herkert, Merching
Herstellung und Verlag:
BoD – Books on Demand, Norderstedt
ISBN: **9783743133655**

Inhaltsverzeichnis   Seiten

Vorwort   6

1 Sterben: Ein soziale Herausforderung   7

2 Die Geschichte der Hospizbewegung   10

3 Hospizarbeit auf dem Weg zur Professionalisierung 17

4 Qualitätsentwicklung in der Hospizarbeit   33

5 Modelle zum Umgang mit Sterbenden und
   den Toten in Institutionen   53

6 Lehren und Lernen für Sterbende und Trauernde
   Eine Didaktik der Sterbebegleitung   67

7 Zur Rollenunsicherheit der Ehrenamtlichen im
   Palliative Care-Konzept   124

8 Wohin, Hospizbewegung ? Ein ungewöhnliches
   Interview mit Dame Palliativa Hospizia   140

9 Der Sterbende an seine Begleiter (G. Rest-Hartjes) 158

Danksagungen   159
Ein weiteres Buch (2017) vom gleichen Verfasser   160

Vorwort

*Das Leben wird
vorwärts gelebt und
rückwärts verstanden.*

Hospizarbeit und Palliative Care werden in ihren historischen Entwicklungen, ausgewählten Konzepten, Professionalisierungstendenzen und Qualitätskriterien sowie einer Didaktik der Sterbebegleitung dargestellt. Kritische Ausblicke und Anregungen zur Zukunftsperspektive sollen nicht fehlen.

Für alle, die sich für die Hospizbewegung und ihre Praxis interessieren, sich engagieren und Verantwortung tagen.

Mögen die Gedanken und Beiträge gute Lesefrüchte hervorbringen.

Mainz, im Frühjahr 2017　　　　Werner Burgheim

1 Sterben: Ein soziale Herausforderung

*Das Geheimnis des Lebens und
das Geheimnis des Todes
sind verschlossen in zwei Schatullen,
von denen jede den Schlüssel zur anderen enthält.*
Mahatma Ghandi

Leben bis zuletzt, end-lich leben, den Schlüssel finden zu den Geheimnissen des Lebens und des Todes; vieldeutige Metapher für Suchbewegungen, um uns den Mysterien des Lebens und Sterbens zu nähern.

Seit Jahrtausenden sind die Menschen auf dem Weg und suchen das Schicksal ihnen Sterblichkeit zu ergründen. Sie stellen sich die existentiellen Fragen: Woher kommen wir? Wohin gehen wir? Alle Kulturen haben Rituale als Stützungen der Seele entwickelt, um bedeutsame Situationen des Lebens zu gestalten. Im Gutenberg-Museum in Mainz ist ein für über eine Million erworbenes Büchlein zu sehen mit dem Titel „ars moriendi", also „Die Kunst des Sterbens", ein Buch, das den Menschen damals in Schrift und Bild Hilfestellung gab.

Früher war das Sterben eingebunden in den Glauben, in die Großfamilie und in das Dorf. Diese Stützungen sind heute vielfach weg gebrochen. Neue Formen noch nicht hinreichend entwickelt. Intime Themen wie Geburt und Sexualität sind inzwischen entzaubert. Sterben ist eines der letzten Tabuthemen unserer Tage, es ist mit Diskursverweigerung belegt. Um uns gegenseitig zu schonen, sprechen wir nicht darüber. Sterben ist ja das Persönlichste und zugleich das Fremdeste des Lebens. In der Bedrohungssituation unserer leiblichen Existenz können wir verzweifeln und untergehen, aber auch über uns, unsere Vergänglichkeit und Todesangst hinauswachsen. In dieser Herausforderung könnten alle Beteiligten viel über das Leben und Sterben lernen, denn wenn wir uns mit einem Teil beschäftigen, den Schlüssel zu einem Geheimnis finden, dann erschließt sich dadurch auch den andere Teil.

Sterben ist eine Herausforderung an die Nächstenliebe, an die Gemeinschaft und Gesellschaft. Kultur holt die Zeit, die Räume, die Prozesse heraus aus der Alltäglichkeit und formt sie. Sterbekultur bedeutet demnach, Menschen Zeit zu lassen und Zeit zu schenken, ihnen vertraute und gestaltete Räume zu geben. Sterbekultur besagt, die Selbstbestimmung und den Willen des Menschen zu respektieren. In der Sterbebegleitung bestimmt den Sterbende den Weg. Hier geht es nicht um eine Missionierung und Kolonisierung von Lebenswelten. Durch Zuwendung, Nähe und konkrete Hilfe, wie z.B. angemessene Schmerztherapie, wird die Verzweiflungstat der Selbsttötung überflüssig gemacht. Lebensbeistand ist die Ermöglichung eines sinnvollen und humanen Lebens bis zuletzt, das Hilfestellungen bei Sinnfragen, bei der Selbstreflexion, bei der Biografiearbeit, den Fragen nach Schuld und Versöhnung und die Gestaltung des Abschiednehmens einschließt. Vielleicht wurde da Sterben uns zugemutet, um unser Miteinander ständig herauszufordern, um unsere Mitmenschlichkeit daran zu bewähren. Diese Bewährungsprobe ist in der heutigen Zeit noch nicht bestanden.

Die Hospizbewegung eröffnet Begegnungsorte, wo sich persönliche Betroffenheit, geistige Interessen und gesellschaftliches Engagement treffen können: In den Gruppen vor Ort fließen persönliche Erfahrungen mit Sterben und Leiden, Fähigkeiten der Pflege und Begleitung ein zum gemeinsamen Dienst an Schwerstkranken, Sterbenden und Trauernden ein. Hier ist den Ort, wo Begleiterinnen und Begleiter über ihre schwierige Arbeit berichten können, wo sie verstanden und aufgefangen werden. Solche Arbeit hat Ausstrahlung in die ganze Region.

Hospizarbeit ist die Gelegenheit, sich zu vernetzen und sich geistig zu verorten. Sier arbeitet an der Kunst des Sterbens, an der Formung einer Sterbekultur. Sie setzt Beispiele und Zeichen für Solidarität und einfühlsamer Zuwendung: Dienst an Menschen.

2 Die Geschichte der Hospizbewegung

Schon immer waren Menschen vom Mitleid gerührt und bemühten sich, ihre Kranken und Sterbenden gut zu versorgen. In den Jahrtausenden ist dies unterschiedlich gelungen, je nach persönlichen und gesellschaftlichen Bedingungen, der Kultur und den religiösen Einstellungen und Vorstellungen.

Im Altertum

In dem Heiligtum des Äskulap in Epidaurus in Griechenland fanden Kranke Heilung durch die Orakel des Gottes und durch ärztliche Hilfe. Ohne diagnostische Techniken und chemische Mittel setzte die Therapie auf menschliche Zuwendungen, auf Gaben der Natur, Stärkung der körperlichen und seelischen Kräfte und auf die Botschaften der Götter. Die Räume waren für die Augen gestaltet, in den Vorhallen, in denen die Kranken lagen, blühten Pflanzen, sangen Vögel und waren nachts die Sterne zu sehen. Schlamm- und Wasserbäder, körperliche Übungen, Milch, Honig und Fruchtsäfte, das ärztliche Gespräch und die Deutung von Träumen gehörten zum therapeutischen Konzept. Allerdings wurden Sterbende nicht aufgenommen. So ist Epidaurus zwar ein gutes Beispiel für Heilstätten und Lebenshilfe, aber nicht für eine Hospizarbeit im heutigen Sinne, wobei die therapeutischen Konzepte von dort durchaus Gestalt annehmen können (vgl. Stoddard, 1987, 20 f.).

Im Morgenland

In den arabischen Staaten gehörte das Krankenhaus zu einer selbstverständlichen Einrichtung und war für die damalige Zeit mit großem Luxus versehen. Sie standen unter der ständigen Aufsicht des Sultans. Aus dem Brief eines Kranken: „Wenn du mich besuchst und Musik aus einem Raum vernimmst, bin ich vielleicht schon im Tagesraum für Genesende, wo es Musik und Bücher zur Unterhaltung gibt. Wenn ich entlassen werde, bekomme ich vom Krankenhaus einen neuen Anzug und fünf Goldstücke, damit ich nicht sofort wieder arbeiten muss. Zum Beweis der Gesundheit darf ich einen Laib Brot und ein ganzes Huhn verzehren." Das war Lebenshilfe im Morgenland.

Im Abendland

Vor 1.000 Jahren boten im Abendland die Siechenhäuser vor den Mauern der Städte religiöse Betreuung und Hilfe beim Sterben. Große Seuchen bedrohten die Menschen mit dem Tod. Oft wurde vor der Behandlung des Arztes verlangt, zu beichten, da an einen Zusammenhang von körperlichen Gebrechen und Schuld geglaubt wurde, ja oft sogar Krankheit als Gottesstrafe für die Sünden angesehen wurde.

Auf den Höhen der Alpen standen Herbergen, in denen Wanderer und Reisende Schutz, aber auch Pflege bis zum Tod erhielten. In vielen Hospizen des Mittelalters pflegten Orden Kranke und Sterbende. Beispiele aus der Bibel und aus dem christlichen Glauben wie der barmherzige

Samariter oder Sankt Christophorus waren Vorbilder. Gerade Notleidende und Ausgestoßene wurden bewusst begleitet und in ihnen begegnete den christlichen Männern und Frauen Christus selbst.

Die Neuzeit

Nach der Säkularisation nahmen Diakonissen und Pastor Theodor Fliedner 1836 in Friedensheim oder die „Irish Sisters of Charity" in London 1905 die Betreuung von Schwerstkranken und Sterbenden wieder auf. Neue Pflegeorden wurden wieder gegründet.

Die Sozialarbeiterin, Krankenschwester und Ärztin *Cisely Saunders* litt unter den Bedingungen inhumanen Sterbens in dem großen Krankensaal der Großstadt von London. Nicht nur die räumliche Enge, sondern auch die Orientierung an der technischen Medizin als Reparaturwerkstatt, in der das Sterben als Scheitern der ärztlichen Bemühungen empfunden wurde, und das Verschwinden der Sterbenden oft im Badezimmer war für sie kein humanes Konzept. Sie träumte von einem Haus, in dem in Geborgenheit gestorben werden konnte. Mit ihrer Konzeptbeschreibung des „total pain" machte sie deutlich, dass gerade der Schmerz nicht nur körperliche, sondern ebenso emotionale, psychosoziale und spirituelle Ursachen hat. Damit wurde sie Vorreiterin der ganzheitlichen Palliativ Care. Mit ihrem „St. Christopherus Hospiz" schuf sie 1967 ein Modell für eine weltweite Hospizbewegung.

Die Psychotherapeutin *Elisabeth Kübler-Ross* zeigte in

ihrem bekannt gewordenen Buch „Interviews mit Sterbenden" die psychische Seite der Krisen und Sterbeprozesse auf und damit einen heute schon zum Allgemeinwissen gehörenden Weg, durch emotionale Begleitung Sterbenden diesen Weg zu erleichtern.

Im Jahre 1971, also genau vor 30 Jahren, wurde durch den Fernsehbericht des Jesuiten *Reinhold Iblacker*: „Nur noch 16 Tage", ein Schwarz-Weiß-Film über das „St. Christopherus Hospiz" in London, eine große Betroffenheit über heutiges Sterben ausgelöst. Die Hospizidee war damit angestoßen und nicht mehr aufzuhalten. 1986 wurden Dachverbände gegründet und die Organisation der Bürgerbewegung Hospiz nahm ihren Anfang.

Der dreistufige Entwicklungsweg

Aus heutiger Sicht sind drei Phasen zu beschreiben:
Stufe 1: Als der Schwarz-Weiß-Film: „Nur noch 16 Tage" die Republik erschütterte und die Idee des Hospizes von London aus, vom St. Christopherus Hospiz den Kontinent erreichte, dauerte es nach meiner Einteilung ungefähr noch 20 Jahre, bis der Hospizbegriff und der Hospizgedanke sich bei uns durchsetzte und auch erste falsche Vorstellungen von einem Sterbe-Haus und einer Sterbe-Klinik korrigiert werden konnten. Bis heute sind, wie ich bei einer Anhörung vor Bundestagsabgeordneten erleben musste, immer noch Vorstellungen in den Köpfen, Hospiz sei ein Haus mit der Gefahr, dass dorthin Sterbende abgeschoben werden. In den ersten zehn Jahren wurde aus dem Hospiz-Haus eine

Hospiz-Idee, eine Bürger- und Selbsthilfebewegung, entstanden aus der Erkenntnis und Not, dass auch in Deutschland noch zu häufig unmenschlich gestorben wird. Auch war der wieder aufkommenden Notlösung der aktiven Sterbehilfe (Euthanasie) durch den Hospizgedanken zu begegnen. Aus den Brüchen und Widerständen der Verhältnisse waren die „im Dunkel des gelebten Augenblicks" (Ernst Bloch) verborgenen Entwicklungschancen aufgespürt und weiterentwickelt worden zur Bürgerbewegung, zu einer Wertegemeinschaft und hospizlichen Netzwerken.

Stufe 2: In einer zweiten Phase, die ca. zehn Jahre dauerte, setzte ein wahrer Gründungsboom von Hospizgruppen ein, in einem ungeahnten und auch sehr fruchtbaren Ausmaß. Manche sprechen sogar von Wildwuchs und krebsartigem Wachstum in Bezug auf so viele Gruppengründungen. Wer hätte vor zehn Jahren gedacht, dass es heute über 1.000 ambulante Hospizdienste und hunderte stationäre Hospize und Palliativstationen gibt? Wer hätte damals gedacht, dass die Bewegung in 16 Landesarbeitsgemeinschaften, neun Dachorganisationen im "Deutschen Hospiz- und Palliativ-Verband (DHPV)" zusammengefasst und organisiert sind. Die stationären Hospize sind finanziell gesichert und die Gesundheitsminister haben auf den Weg gebracht, auch die ambulante Hospizarbeit finanziell und bundesweit abzusichern, was 2001 durch Gesetz standfest geworden ist (§ 39 a, Abs.2 SGB V). Mit solchen finanziellen und personellen Absicherungen einher geht aber auch die Frage: Was trägt eine solche Tätigkeit für die Menschen und das Gemeinwohl tatsächlich aus?

Stufe 3: In den kommenden, vielleicht wieder zehn Jahren, wird nach dem Gründungsboom und der Schaffung organisatorischer Strukturen eine Konsolidierung, die Qualitätsentwicklung und Qualitätssicherung eine wichtige Aufgabe sein. Die Bundesarbeitsgemeinschaft Hospiz hat dazu einen Ausschuss eingesetzt. TQM: „Top Quality Management", das seinen Ursprung in der Industrie hat und schon länger in den Nonprofit-Organisationen und in die soziale Arbeit Einzug gehalten hat, erreicht nun auch die Hospizbewegung mit den Fragen: Was ist eine qualitativ wirksame Sterbebegleitung? Was erwarten Sterbende und Angehörige von ihr? Wann können sich die haupt- und ehrenamtlich Beteiligten nach ihrem Beitrag und ihrer Arbeit zufrieden zurücklehnen? Die Liste von Qualitätskriterien der Rahmenvereinbarung hat unmittel-bare Auswirkungen auf Strukturen, auf politische Notwendigkeiten und Forderungen, hat aber insbesondere Konsequenzen für die Ausbildung und auch für die Befähigung der Ehrenamtlichen und der helfenden Berufe.

In der wissenschaftlichen Qualifizierung und fachlich-pflegerischen Fortbildung sind Lehrstühle für Palliativmedizin und -pflege, Studienprojekte in Palliativ Care und Spezialisierungen für Ärzte und Pflegefachkräfte für die Palliativ-Versorgung entstanden.

In der Organisation sind die Hospizverbände und die Palliativmedizin verbunden und Netzwerke in gemeinnützingen GmbH's organisiert.

Am Sterbebett und auch schon rechtzeitig früher kümmern sich seit 2007 Palliative-Teams, abgesichert und verordnet als Allgemeine (AAPV) und spezialiserte ambulante Palliativ-Versorgung (SAPV).

Problematisch wird beobachtet, ob die Idee der Hospizbewegung mit ihrer Begleitung statt Versorgung und ihrer überwiegenden Ehrenamtlichkeit nicht durch die Medizin verdrängt wird und ein Alleinstellungsmerkmal für Sterbende erhält (siehe Schluß im Kapitel 8).

Die Hospizidee darf nicht untergehen!

3 Hospizarbeit auf dem Weg zur Professionalisierung

Die Hospizarbeit ist entstanden aus Not, aus der Betroffenheit, dass vielerorts inhuman gestorben wird. Inzwischen ist sie zu einer Bürgerbewegung geworden, in der sich Menschen ehrenamtlich engagieren. In den Hospizgruppen arbeiten die Ehrenamtlichen in einem Sprecherkreis oder Vorstand, im Telefondienst, in der Öffentlichkeitsarbeit, also eher patientenfern. Andere arbeiten direkt in der Begleitung von Sterbenden und Trauernden. Daneben gibt es noch viele Mitglieder, welche die Gruppe finanziell und ideell und nur gelegentlich aktiv unterstützen.

Zum Begriff „Ehrenamt"

Die Bezeichnung „Ehrenamt" ist eigentlich falsch. Es wurde kein Amt verliehen und mit der Ehre ist es auch nicht weit her. Andere Bezeichnungen sind Freiwilligenarbeit, Bürgerengagement, Freiwilligenengagement, Selbsthilfe oder international „Volounteers". Noch ist Ehrenamt bei uns am gebräuchlichsten und ich benutze den Begriff daher weiter.

Historisch sind viele Berufe zunächst aus ehrenamtlichem Engagement entstanden, so z. B. auch die soziale Arbeit, die Sozialpädagogik, die Fürsorge am Ende des 19. Jahrhunderts. Heute ist der Sozialstaat ohne Ehrenamtliche nicht mehr zu denken. Das Ehrenamt erhält neue Impulse durch den Umbau eines intervenierenden zum aktivierenden Sozialstaat. Die Agenda 2000 und das Internationale Jahr des Ehrenamtes 2001 versuchen, das Bürgerengagement als das fundamentale Engagement zu würdigen, so auch der Weltkongress der Freiwilligen in Amsterdam. Ehrenamtliche sind eine wichtige Quelle für die Wohlfahrtspflege, weil sie den Sozialstaat kompetent erweitern und Partizipation an der Gemeinschaft praktizieren. In den USA und in England ist Volounteersarbeit noch mehr verankert und anerkannt. Sie wird sogar von den Bürgern erwartet und bei Stellenbewerbungen nicht nur berücksichtigt, sondern oft zur Bedingung gemacht.

Das Engagement

21 Millionen Menschen, d. h. fast ein Drittel aller Deutschen über 14 Jahren, sind freiwillig und unbezahlt in Verbänden durchschnittlich 14,5 Std. im Monat engagiert. Davon sind (lediglich) 4 % im Sozialwesen und nur 1 % im Gesundheitswesen tätig. Die anderen engagieren sich in Sportvereinen, in Karnevalsvereinen und anderen Freizeitaktivitäten. In der Hospizarbeit selbst sind über 95 % ehrenamtlich engagiert.

Die allgemeinen **Motive** für die Bereitschaft zur Mitarbeit sind: soziale Bindung, Anerkennung, Verantwortung, Einflussnahme, Erlebnisse und Erfahrung, Verpflichtungen den Menschen und den Dingen gegenüber, Kontakt und Gemeinschaftsgefühl, Selbstbestätigung, öffentliche Anerkennung, sinnvolle Tätigkeit in einer wichtigen Sache, der Wille, die eigene Fähigkeit und die Kompetenz einzusetzen. Grundsätzlich verschenken Ehrenamtliche Zeit. Sie setzen ein Zeichen gegen Verzweckung und Verschwendung der Zeit, gegen Beliebigkeit und Egoismus, gegen Beliebigkeit und Ausgrenzung, gegen Egoismus und Eigennutz.

In der Hospizarbeit kommt oft eine persönliche Betroffenheit hinzu, entweder durch eine negative Erfahrung eines inhumanen Sterbens oder durch eine vorbildliche Sterbebegleitung (so möchte ich dann auch sterben, und ich setze mich dafür ein, dass dies auch für andere möglich wird). Die soziale und staatliche Anerkennung des ehrenamtlichen Engagements lässt noch zu wünschen übrig. Neben den Menschen, die dafür stellvertretend ein Verdienstkreuz bekommen, müssen viele für Engagement noch Geld für Fahrtkosten, Qualifizierungsmaßnahmen und Fortbildung mitbringen.

Leitgesichtspunkte zur Gewinnung von Freiwilligen (nach Theresa Bock)
- Spielräume geben für selbstständiges und eigenverantwortliches Handeln und Entscheiden.
- Chancen zur Einbringung eigener Neigungen und Fähigkeiten.
- Chance, etwas subjektiv Sinnvolles zu tun.
- Chance zur Beteiligung an der Festlegung von Tätigkeitszielen.
- Chance zur Einbringung eines Interesses am Resultat

der Tätigkeit.
- Chancen zur selbstorganisierten Teamarbeit.
- Chancen zur Ausgebung von Zeitsouveränität
- Gewährleistung ausreichenden Wissens und Könnens.
- Gewährleistung von Unterstützung und Begleitung

Professionalisierungstendenzen

Rudern zwei ein Boot, der eine kundig der Sterne,
der andere kundig der Stürme,
wird der eine führen durch die Sterne,
wird der andere führen durch die Stürme
und am Ende, ganz am Ende
wird das Meer in der Erinnerung blau sein.

Mit der Anerkennung, mit der zunehmenden Größe der Gruppen und den erweiterten Aufgaben wird die Hospizarbeit mit ehrenamtlichen Kräften allein nicht mehr zu leisten sein. Schon die Kontinuitäts- und Erreichbarkeitsprobleme machten hauptamtliche Kräfte notwendig. Zunächst waren es Honorarkräfte, Teilzeitkräfte, welche in den kleinen Räumen der Hospizgruppen, sofern sie überhaupt vor Ort waren, ihren regelmäßigen Dienst taten. Dann kam auch fachliches Personal hinzu, die als „Koordinatoren" die Arbeit begleiteten und vernetzten und eigens dafür zusätzlich ausgebildet waren, so z. B. in Rheinland-Pfalz die Hospizschwester, die nur nach Erfüllung der eigens dafür erarbeiteten Profil-Kriterien eingestellt werden konnte. Neben den Hospizschwestern sind Sozialarbeiter und Sozialpädagogen und / oder Theologen tätig. In den wenigen großen Hospizgruppen mit ambu-lanten und stationären Angeboten hat meist ein Arzt die fachliche Leitung, so z. B. Prof. Dr. med. Student in Stuttgart. Nach dem einstimmigen Beschluss des Bundesgesundheitsministers 1999 soll nun im Jahr 2001 durch ein Bundesgesetz die ambulante Hospizarbeit durch die Finanzierung hauptamtlichen Personals gefördert werden. Damit ist eine Kontinuität und Fachlichkeit garantiert.

Zwei Probleme ergeben sich: Einmal gibt es kein verbindliches Curriculum für die ständige Ausbildung und Zusatzausbildung und weiterhin keine Stellenbeschreibung, kein Anforderungsprofil.

Einen ersten Beitrag hat die **Arbeitsgruppe bei der hessischen Landesregierung** geleistet und ein Basis-Curriculum für die Grundausbildung von Ärzten, Pflegern, Sozialarbeitern, Psychologen und Theologen vorgeschlagen.

Basis-Curriculum für die Grundausbildung von Ärzten, Pflegern, Sozialarbeitern, Psychologen und Theologen

Präambel
Die hessische Landesregierung hat in ihrem Konzept zur Verbesserung der Sterbebegleitung in Hessen auf die besondere Bedeutung der Qualifizierung der betroffenen Berufsgruppen hingewiesen. Dort heißt es: Eine umfassende Qualifizierung für eine menschenwürdige Begleitung

Schwerstkranker und Sterbender ist unverzichtbar.

Die Arbeitsgruppe „Sterbebegleitung" der hessischen Landesregierung hat im Sinne dieser Forderung eine Unterarbeitsgruppe zum Thema „Qualifizierung der in der Sterbebegleitung beruflich tätigen Personen" gebildet. Hintergrund hierfür ist die weitreichende Erfahrung, dass Begleitende auf diese Aufgabe oft unzureichend vorbereitet sind.

In den betroffenden Ausbildungs- und Studiengängen ist der Ausbildungsanteil für den Themenbereich „Sterben und Tod" sowohl inhaltlich als auch vom Umfang her sehr unterschiedlich gewichtet. Dies gilt für die Ausbildungsgänge der pflegerischen Berufe und der Rettungsdienste ebenso wie für die Studiengänge der Pflegewissenschaft, der sozialen Arbeit, der Medizin, der Psychologie sowie der Theologie.

Zur besseren Vorbereitung auf die Begleitung Sterbender durch die betroffenen Berufsgruppen wurde von der o. g. Unterarbeitsgruppe der nachstehende curriculare Basisbaustein zum Thema „Sterben und Tod" erarbeitet.

Dieser Baustein ist als Grundlage für die Vermittlung weiterer berufsspezifischer Inhalte zu verstehen. Die interdisziplinäre Verknüpfung dieser Inhalte sollte zur Verbesserung der Kooperation der bei der Sterbe-begleitung beteiligten Berufsgruppen und ihrer Bildungs-institutionen beitragen. Wünschenswert wäre, in Absprache mit allen Verantwortlichen gemeinsame Lehrangebote für die o. g. Bereiche zu entwickeln.

Um die Verbesserung der Qualifizierung bezüglich Sterbebegleitung in Hessen kontinuierlich zu fördern und interdisziplinär zu begleiten, bittet die Arbeitsgruppe Sterbebegleitung der hessischen Landesregierung um Rückmeldung über die Erfahrungen mit dem Basisbaustein „Sterben und Tod".

Inhalte
1. Gesellschaftliche Ebene
- Geschichte des Todes und der Veränderungen im Umgang mit Tod und Sterben
- Zusammenhänge zwischen Religionen, Philosophien, Kulturen und Sinngebungen
- gesellschaftliche Rituale (z. B. Todesanzeigen, Bestattungen, Friedhöfe, Beileidsbekundungen, Leichenschmaus, Trauerzeit, Trauerkleidung)
- vom Sterben leben (Leichenbestatter, Grabreden, posthume Gedächtnis-
angebote ...)
- gesellschaftlicher Umgang mit Trauer und Trauernden

2. Normative Ebene
- der Tod im Gesetz und Recht (Patiententestament, Testament)
- Sterbehilfe, „Euthanasie", Suizid, Gewaltverbrechen
- Totenversorgung
- Finanzierungsprobleme
- Religion, Glauben
-

3. **Institutionelle Ebene**
- Tod im Krankenhaus, stationäre Einrichtungen der Altenhilfe
- Sterben zu Hause
- Hospizbewegung
- Fördermöglichkeiten, Aufbau von Hilfenetzen
- Palliativmedizin, Schmerztherapie
-

4. **Individuelle Ebene**
- mein eigener Tod und der Tod der anderen
- Wie will ich selbst sterben, wo und wie will ich bestattet sein?
- Sterbephasen und die Grenzen von Modellen
- Trauer
- Umgang mit Angehörigen
- Sterbebegleitung als Teil des Berufsalltags
- Hilfe für die Helfer

Zum Verhältnis von Ehrenamt und Professionellen

Das Verhältnis von Haupt- und Ehrenamt ist grundsätzlich spannungsreif, bezieht aber von daher seine Energie, sofern die Spannung nutzbar ist und sich nicht schädlich auswirkt. Die Unterschiede, das positive Spannungsverhältnis und die Ergänzungsleistung werden auf eine schöne Weise in einem imaginären Dialog erarbeitet von Heinz Hinse, dem der Herausgeber für die Abdruckgenehmigung und die vielen Anregungen aus seiner engagierten Hospizbildungsarbeit hiermit ausdrücklich dankt.

Das Haupt spricht mit der Ehre
von Heinz Hinse

Was sich Hauptamtliche und Ehrenamtliche schon immer einmal sagen wollten und sich anhören sollten:

1. Um das Gespräch in Gang zu bringen:
Darf ich fragen, was Sie tun?
2. Gerne, ich arbeite hauptberuflich in der Hospizbewegung, in der Begleitung schwer kranker und sterbender Menschen.
Ich auch, aber nicht beruflich, sondern ehrenamtlich.
3. Wo liegt für Sie der Unterschied?
Ich habe weder Medizin noch Krankenpflege noch Psychologie noch Sozialarbeit noch Theologie studiert, aber ich möchte einfach sterbenden Menschen helfen, nicht nur privat im Familienkreis.
4. Gut, ich habe zwar eine Ausbildung als Arzt oder Krankenschwester oder Psychologe oder Sozialarbeiter oder Seelsorger, weil alle diese Berufe in der Hospizarbeit gefördert werden. Ich bin also in meinem Bereich Profi, aber ohne eine zusätzliche Motivation würde ich es auf die Dauer nicht aushalten.
Wenn Sie Profi sind, bin ich Laie, aber keineswegs Amateur oder Dilettant. Ohne Kompetenz und Qualifikation könnte auch ich mich nicht in diese Arbeit trauen. Ich kann sogar etwas, was Sie nicht können.
5. Und das wäre?
Ich kann dem sterbenden Menschen vermitteln, dass er noch zur Gesellschaft gehört, dass er nicht von Gott und

aller Welt verlassen ist, dass er noch etwas bedeutet, noch etwas schenken kann.

6. Aber das kann und tue ich doch auch!

Aber Sie müssen es tun, Sie werden dafür bezahlt, auf Ihre Hilfe hat der Patient einen Anspruch. Ich dagegen tue meine Arbeit freiwillig, unentgeltlich, unbezahlbar. Das kann für ihn einen anderen Wert haben, vor allem wenn er manche hauptamtliche Hilfe gar nicht mehr bezahlen kann. Wir können doch mitmenschliche Begleitung nicht an Spezialisten delegieren, dazu ist doch letztlich jeder Mensch fähig.

7. Vergessen Sie dabei aber nicht: Manch einer ist froh, dass er für eine Hilfe bezahlen kann, dass er nicht zur Dankbarkeit verpflichtet wird, sondern frei und unabhängig bleibt. Und wenn ich meine Arbeit nur gezwungenermaßen machen würde, würden es die Patienten gleich merken. Aber gut, ich weiß: Sie sind kein Ersatz für unseren Geld- und Personalmangel, sondern haben Ihren eigenen Wert. Aber unbezahlbar ist in meiner Arbeit auch so manches, wenn Sie einmal genauer zuschauen.

Das gebe ich gerne zu. Der Unterschied ist: Sie müssen arbeiten, ich möchte arbeiten.

8. Ich will und muss Geld verdienen, um leben zu können. Ich bin zum Glück nicht so darauf angewiesen. Allerdings bin ich auch dafür, dass einmal die in ehrenamtliche Arbeit investierte Zeit in Geld umgerechnet wird. Eins allerdings möchte ich nicht: Für meine ehrenamtliche Arbeit auch noch Geld ausgeben.

9. O.k. Dafür müssen wir Hauptamtlichen sorgen, dass Ihre Arbeit finanziert wird. Und manche von uns wirken deshalb zusätzlich in Arbeitsgemeinschaften und Gremien mit – auch ehrenamtlich. Das sollten Sie auch einmal bedenken.

Gut, jetzt wollen wir aber nicht beim leidigen Thema Geld hängen bleiben. Sprechen wir doch einmal über unsere Motivation. Ich für meinen Teil habe mich für die Hospizarbeit entschieden, weil ich etwas Sinnvolles tun wollte, weil ich in der eigenen Familie Tod und Trauer erlebt habe und auch erfahren habe, wie gut Hilfe tut.

10. Als ich meinen Beruf gelernt habe, kannte man den Begriff Hospizarbeit noch nicht. Ich habe auch unter uns Helfern bei Sterben und Tod viel Hilflosigkeit erlebt und bin jetzt froh und dankbar, dass ich wirklich und kompetent helfen kann.

Früher gab es vielleicht zu wenig an Hospizarbeit. Heute scheint es mir manchmal zu viel zu sein. Manche Verbände wollen sich damit richtig profilieren. Wenn ich höre, das jemand aus der Aussiedlerarbeit in die Hospizarbeit versetzt wird, der nicht einmal einen Grundkurs für ehrenamtliche Hospizhelfer besucht hat, wird mir ganz anders.

11. Sie haben Recht, die Zeit der nur „gut gemeinten" Hospizarbeit müsste jetzt vorbei sein. Ich verspreche mir viel vom interdisziplinären Programm der Palliative Care. Wenn das einmal überall, im stationären Hospiz, in der Palliativstation und im ambulanten Hospiz durchgesetzt würde, wären wir viel weiter.

Ja, aber wir müssen aufpassen, dass es nicht zu einem Konkurrenzkampf kommt zwischen den „Palliativos", die vor Kompetenz und Qualitätssicherung kaum noch laufen können, und den „Hospizlis", die in ihrer Begeisterung zu allem fähig und bereit sind, aber letztlich nicht gebraucht werden. Ich fasse mich an den Kopf, wenn ich von einem Hospiz höre, das überhaupt noch keine ehrenamtlichen Helfer hat.

12. Da haben Sie Recht: Da stimmt was nicht. Wir brauchen uns doch gegenseitig: Die „Palliativos" können unmöglich alles alleine tun, die „Hospizlis" bekommen ohne „Palliativos" nichts zu tun.

Ich verstehe. Einen fremden Ehrenamtlichen lässt eine Familie nur ans Krankenbett, wenn er hauptamtlich eingeführt ist. Ärzte, Krankenschwestern, Seelsorger haben durch ihren Beruf überall Zugang. Sie müssen uns dann praktisch mitnehmen.

13. Ich denke, dass viele ehrenamtliche Hospizgruppen deshalb lange nicht oder vielleicht nie zum Einsatz in der Sterbebegleitung gekommen sind, weil sie niemand kompetent eingeführt hat.

Und wenn sie keinen Einsatz hatten, dann hatten sie bald gar nichts mehr zu tun, konnten bei ihren Gruppentreffen nur noch Klagelieder singen. Aber ich kenne auch Gruppen, die eine ganze Reihe anderer Aufgaben übernommen haben, in der Öffentlichkeitsarbeit, in der Bildungsarbeit. Oder sie arbeiten im stationären Hospiz in der Küche, am Empfang, in der Wäscherei oder als Hausmeister am

Wochenende. Bei uns Ehrenamtlichen gibt es halt unterschiedliche Zeitbudgets und Begabungen.

14. Da sprechen Sie einen wunden Punkt an: Wir Hauptamtlichen sind verantwortlich, dass die Arbeit der Ehrenamtlichen klar umschrieben, machbar und sinnvoll ist. Wir müssen für Information, Fortbildung, Kooperation und Organisation sorgen. Wenn wir uns über „platonische Hospizhelfer" beklagen, dann haben wir sie vielleicht selbst dazu gemacht, weil wir uns nicht die Arbeit gemacht haben, ihnen Arbeit zu geben.

Ich würde gerne auch einmal über die Vorbereitung für unseren Dienst reden. Da haben wir ja viel Zeit investiert. Ich weiß, dass es Hauptamtliche gibt, die uns darum beneiden, weil sie außer den Sterbephasen von Kübler-Ross kaum etwas mitgekriegt haben.

15. Da mögen Sie Recht haben. Auf die Dauer geht das auch nicht. Sicher beneiden kann ich Sie manchmal um Ihre Begleitung. Sie treffen sich jeden Monat, haben auch die Möglichkeit zur Supervision. Bei uns ist da vieles rein zeitlich gar nicht drin. Wenn Sie zum Beispiel eine Begleitung beendet haben, können Sie eine Auszeit nehmen. Bei uns geht es am nächsten Tag weiter.

Gut, wenn Sie da in Ihrem Team nichts ändern können, wird das auf Dauer nicht gut gehen. Aber wir müssen aus einem gegenseitigen Beneiden herauskommen, ganz klar unsere Gemeinsamkeiten, Unterschiede und Grenzen erkennen und anerkennen. Vielleicht können wir uns das einmal aus der Sicht des sterbenden Menschen klarmachen: Im Hospiz

sind wir für ihn wie Besucher, Freunde, gute Bekannte. Wir arbeiten mit im Hospiz, sind aber keine Mitarbeiter.
16.   Wenn das nicht geklärt ist und von allen Beteiligten akzeptiert wird, kann es Probleme geben: Im Konfliktfall kann ein ehrenamtlicher Helfer wie der Anwalt des Patienten auftreten, ihn gegen die hauptamtlichen Mitarbeiter aufwiegeln. Ist alles schon vorgekommen. Dann muss es eben wie auch sonst im Leben eine Konfliktregelung geben, wo beide Seiten sich am Wohl des Patienten orientieren und eine gemeinsame Lösung suchen. In dem Zusammenhang können wir ja auch einmal über die Hauptprobleme reden, die wir miteinander haben. Das Hauptproblem für mich ist, dass Sie Arbeit nicht abgeben können und möglichst alles selber machen wollen.
17.   Mein Hauptproblem mit Ihnen ist, dass Sie oft nur bedingt einsetzbar sind, dass ich mich nicht voll auf Sie verlassen kann, dass es oft an Verbindlichkeit fehlt. Vielleicht hängen die beiden Probleme zusammen: Je mehr eigene Verantwortung ich bekomme, umso mehr werde ich sie auch wahrnehmen. Wenn Sie mir etwas zutrauen, können Sie mir auch vertrauen. Allerdings kann ich nur eine befristete Verpflichtung übernehmen, Sie dagegen haben einen festen Arbeitsplatz, arbeiten also gewisser- maßen lebenslänglich. Das macht einen Unterschied.
18.   Richtig. Und Sie können, wenn ein Patient Sie ablehnt, jemanden anderes schicken. Ich muss trotzdem hin.
So hat jeder sein Problem. Aber ich finde es gut, dass wir

darüber miteinander offen reden können. So wage ich es, auch einmal Folgendes anzusprechen: Von uns Ehrenamtlichen verlangen Hauptamtliche kommunikative Kompetenz, Belastbarkeit, Beziehungsfähigkeit, Verlässlichkeit, Teamfähigkeit usw. Aber wenn ich mir so manchen unnötigen Streit unter Hauptamtlichen ansehe, frage ich mich, mit welchem Recht sie von uns etwas verlangen, was sie selbst nicht schaffen.
19.   Natürlich haben auch wir unsere Fehler. Und vielleicht streiten wir uns gerade deshalb so oft, weil wir bei den Sterbenden Angst vor Fehlern haben, weil wir die nie wieder gutmachen können.
Die Angst haben wir Ehrenamtlichen auch, vielleicht noch mehr als Sie. Aber gegen Angst – haben wir gelernt – sollten wir immer Hoffnung setzen: Welche Hoffnungen haben Sie, aus welchen Kraftquellen leben Sie?
20.   Ich hoffe, dass wir mit unserer Arbeit Menschen in ihrer letzten Lebensphase, manchen vielleicht zum ersten Mal in ihrem Leben, noch eine Lebensqualität vermitteln können, die ihnen und auch uns gut tut. Ich hoffe, dass wir auf die Dauer viel bewirken können, dass Sterben wieder zum Leben dazugehört.
Da sind wir uns einig. Wenn Sie etwas bewirken wollen, so will ich nach meinen Kräften mitwirken. Und ich hoffe, später auch einmal für mich Menschen zu finden, die mir in gleicher Weise helfen. So sorge ich in gewisser Weise durch meine ehrenamtliche Arbeit auch für mich selbst.
21.   Das werde ich in meinem Ruhestand wohl auch tun

können. Aber Sie fragten noch nach meinen Kraftquellen: Ich sehe zu, dass ich mir regelmäßig auch selber Gutes tue, von gutem Essen bis zur Meditation, dass ich Menschen habe, bei denen ich mich einmal ausweinen kann, wenn es zu viel wird, dass wir uns auch im Team aussprechen. Da ließe sich noch vieles sagen.

Für mich ist die Hospizgruppe sehr wichtig geworden, wo wir uns gegenseitig stützen können. Ich bin auch so froh, eine für mich sinnvolle Tätigkeit gefunden zu haben, dass ich sie nicht mehr missen möchte. Da gibt mir so viel. Und das Wichtigste geben mir die sterbenden Menschen selbst: eine andere Einstellung zum Leben.

22. Da sind wir uns einig.

Dann werden wir es wohl auch gemeinsam schaffen. Gemeinsam sind wir stark.

3 Qualitätsentwicklung in der Hospizarbeit

Eines der wichtigsten Ziele der Hospizarbeit ist es, hohe Lebensqualität bis zuletzt für den zu begleitenden Menschen zu ermöglichen und zu sichern. Dass dafür eine hohe Qualität der Dienstleistung und eine Qualifizierung der Begleiter erforderlich ist, wird heute als allgemeiner Konsens erachtet. Doch mit der Reflexion über die Qualitätsmaßstäbe, die Entwicklung von Standards und die Sicherung dieser Maßstäbe einschließlich der Evaluation dieser Arbeit, mit diesen Aufgaben stehen wir in der Hospiz ob ihrer kurzen Geschichte gerade am Anfang.

Auch im Sozialwesen und in Non-Profit-Organisationen haben Qualitätsentwicklung und Qualitätssicherung und Qualitätsvereinbarungen erst in den letzten Jahren eine Dynamik entfaltet. Sie ist nicht unumstritten und wird häufig zum Geschäft gemacht. Die Forderung eines Qualitätsmanagements hat ihre Ursachen in der knappen Finanzierung und den damit verbundenen Fragen: Lohnt sich die Investition? Wie begründet die Institution die Notwendigkeit der Maßnahme? Wie beweist sie die Erfolge ihrer Arbeit? Auch ist der mündige Bürger den Organisationen und Dienstleistungsangeboten gegenüber kritischer geworden und achtet selbst auf hohe Qualität bzw. fordert sie ein. Die Quantifzierung von Leistungen, etwa in der Pflege, führt dazu, dass ein Qualitätsabfall verhindert und durch Dokumentation der Leistung und deren Qualität erfasst werden sollte.

So finden sich in mehreren Gesetzen Vorschriften zur Qualitätssicherung, so z. B. in § 2070 SGB 20 V und in § 2093 20 BSHG und § 2080 20 Pflege VG sowie seit 01.01.99 als Qualitätsentwicklungsvereinbarung in § 78 b KJHG. Letztes im Wortlaut:
„Grundsätze und Maßstäbe für die Bewertung der Qualität der Leistungsangebote sowie über ihre geeigneten Maßnahmen zu ihrer Gewährleistung."
Ein Referentenentwurf zum Pflegequalitätssicherungsgesetz (PQsG) und Heimbewohnerschutzgesetz (HSG) ist seit 2000 in Arbeit. Die Qualitätssicherung ist bei Institutionen, die sich mit Alter, Tod und Sterben beschäftigen, also im Krankenhaus, Altenheim, bei Pflegediensten, voll im Gang und wird die Hospizbewegung nach dem Gründungsboom in der dritten Phase auch erfassen.

Zur Entwicklung der Qualitätsanforderungen

Die zunehmende Konkurrenz am Markt und die Erkenntnis, dass zur Vermeidung von Fehlproduktionen die Reflexion über Fehlerquoten noch vor, also in den Produktions- und sogar in den Planungsprozess vorverlegt werden muss, führten in der Industrie zu Philosophie des **„Total Quality Management" (TQM).**
- T = Total meint das umfassende Beurteilen des ganzen Unternehmens mit allen Bereichen und Mitarbeitern.
- Das Q (Quality = Qualität) meint die Zufriedenheit des Kunden im umfassenden Sinne, also auch der Abnehmer wie der Geschäftspartner.

- Das M (Management) meint die Verantwortung der zu gestaltenden Prozesse, insbesondere der Leitung.
- Beabsichtigt ist eine Unternehmenskultur mit dem Ziel einer kontinuierlichen Verbesserung aller Prozesse im Unternehmen für die Kunden- und Mitarbeiterzufriedenheit (vgl. zum Thema: Schreyer-Schuber, 2000, 17). Seit 1987 fand die Orientierung an der Qualität Eingang in die branchenneutrale Normenreihe DIN EN ISO 9000, die in über 40 Ländern eine anerkannte Grundlage für die Qualitätsmanagementsysteme für eine Zertifizierung von außen für Unternehmen bildet.

Ihr Anliegen ist:
- Orientierung der Leistung am Kunden
- Schaffung einer qualitätsorientierten Aufbau- und Ablauforganisation
- Einbeziehung und Qualifikation aller Mitarbeiter(innen)
- Regelung von Zuständigkeiten, Verantwortlichkeiten und Bedürfnissen
- Dokumentationspflicht für Regelungen und Ergebnisse
- Berichtspflicht zur höchsten Ebene
- Beherrschung von Risiken und Wirtschaftlichkeit
- vorbeugende Maßnahmen zur Vermeidung von Qualitätsproblemen
- Durchführung von Soll-Ist-Vergleichen (audities = lat. sie hört zu) (a. a. O., S. 21)

Mit diesen einleuchtenden, für die Industrie passenden Modellen entstanden einige erhebliche Probleme und Fragen bei der Übertragbarkeit in den Dienstleistungsbereich, insbesondere in das Sozial- und Pflegewesen.

In diesem Bereich bedeutet Qualität, d. h. die Hilfe, eine intensive Zusammenarbeit mit allen Betroffenen, d. h. die Produktion „fällt mit dem Verbrauch zusammen" (Uno-actus-Prinzip).

Die Bewertungskriterien der ISO 9000 und die Abläufe bei industriellen Prozessen lassen sich besser operationalisieren und messen als im Dienstleistungsunternehmen. Wenn sie gemessen werden, ist das Verfahren für die Leistung selbst schädlich, was z. B. die Items der Pflegeversicherung (2,5 Min. für Haare kämmen) zeigen. Die Gefahr besteht darin, nur das für gültig zu halten, was messbar ist. Oft fehlen für die sozialen Prozesse also die unsichtbaren Seiten der Qualität. Viele relevante Qualitätskriterien in der DIN-Norm unterstellen, dass alles machbar und veränderbar sei. Oft müssen wir gerade in Krisen und mit der Beschäftigung mit dem Tod die Nicht-Veränderbarkeit und Hilflosigkeit akzeptieren. Die Arbeit am einzelnen Menschen liegt in größtmöglicher Verantwortung der vor Ort arbeitenden Personen. Die Kontrollinstanzen in Hierarchien sind nicht so ausgeprägt wie in der Industrie. Müller formuliert das Problem so:

„Zugespitzt formuliert ist der Unterschied: In der Industrie setzen jedenfalls die fortgeschrittenen Formen des Qualitätsmanagements bei dem Problem an, wie rational durchkonstruiert, klug geplant Organisationsformen sich durch Elemente der Eigenverantwortung der Mitarbeiter weiter steigern lassen – statt in Kauf zu nehmen, dass die

Mitarbeiter wegen der perfekt rationalsierten Organisation verblöden.

In den sozialen Diensten besteht das umgekehrte Problem, wie für immer schon ihrer Eigenverantwortung überlassene Mitarbeiter/-innen Organisationsformen gefunden werden können, die halbwegs rational sind, das heißt, diese Eigenverantwortung an die Organisationsveranwortung anzukoppeln, statt die Arbeit der Einzelnen im Ergebnis schlechter aussehen zu lassen, als sie eigentlich ist, weil sie in einer ‚dummen Organisation' stattfindet" (*Müller*, 1998, S. 49).

So wurden bald, insbesondere von oben kommende Verfahren abgelehnt, oft auch mit dem Argument, wegen der Vielfalt der Interdependenz, der Interaktionen und der vielen Variablen und Schwierigkeiten im Feld lassen sich Probleme und Fehler, also die Qualität gar nicht bestimmen und schon gar nicht von außen und von oben. Auch sei der Qualitätsbegriff viel zu unbestimmt. Aber genau hierin liegt meines Erachtens die Chance, nämlich im gemeinsamen Reflexionsprozess, im Dialog und Exkurs über Werte, über Qualität, über Leitbilder, über Evaluation der Arbeit nachzudenken.

Was ist Qualität?

Qualität ist ein relativer Begriff und muss sprachlich gefasst werden. Z. B. gibt es einfache Qualitäten und Spitzenqualität. Sie ist je nach Produkt unterschiedlich (Autoreifen, Beratung, Sterbebegleitung) und muss jeweils eigens definiert werden. Die Qualitätsentwicklung geht von der Annahme aus, dass Qualität in einem gemeinsamen Prozess definiert und entwickelt werden muss und auch ständig reflektiert und verbessert werden kann. Eine eindeutige Definition (einfache, gehobene, besondere Qualität) gibt auch die Sicherheit, dass der Kunde sich darauf verlassen kann, dass er bekommt, was angeboten wird (Qualitätssicherung als Gewährleistung). So ist Qualität (in der sozialen Arbeit) das Ergebnis eines Prozesses, nämlich die Übereinstimmung zwischen Erwartungen hinsichtlich der Leistungen und der tatsächlich erbrachten Dienstleistung (vgl. *Meinhold* 1994, 42).

Qualität ist nach dem Deutschen Institut für Normung: „Die Beschaffenheit einer Einheit bezüglich ihrer Eignung, festgelegte oder vorausgesetzte Erfordernisse zu erfüllen."
Diese komplizierte Formulierung kann salopp auch so ausgedrückt lauten: „Qualität ist, wenn der Kunde wiederkommt und nicht die Ware", oder: „Qualität ist, was bleibt, wenn der Preis schon längst vergessen ist."

Im medizinischen Dienst des Krankenhauses der Krankenkassen (MDK) ist *„Qualität die Gesamtheit der Eigenschaften und Merkmale einer Dienstleistung, die sich auf deren Eignung zur Erfüllung festgelegter oder vorausgesetzter Erfordernisse bezieht (MDK-Konzept Qualifizierung der Pflege). Der Begriff der Pflege bezeichnet die Art, die Beschaffenheit, den Umfang oder die Eigenschaft der erbrachten Pflegeleistung. Sie kann in Form von Standards definiert werden."*

Das Sozialgesetzbuch XI folgt der Unterscheidung der Pflegequalität in den **Dimensionen** der Struktur-, der Prozess- und der Ergebnisqualität. Diese Trias ist auf die Arbeit des amerikanischen Forschers *Avedis Donabedian* zurückzuführen, der sich mit den Wesensmerkmalen einer Dienstleistung in einer Studie 1980 bis 1985 (Explorations in Quality Assessment and Monotoring) befasst. Er unterschied soziale Dienstleistungen in ihrer technischen und nicht technischen Dimension. Seine Trias gewann er aus der Analyse technisch charakterisierter Dienstleistung im Krankenhaus (vgl. Struck, 1998, 15). Diese technisch ausgerichteten Segmente, die auch als Grundlage für die DIN ES ISO 9000 dienten, haben in sozialen Prozessen nur eine dienende Funktion und sind ergänzungsbedürftig, was auch erfolgt ist, weil Qualität im Sozial- und Pflegewesen mehr umfasst als Kundenorientierung und -zufriedenheit. Wenn wir Selbstständigkeit ermöglichen, auf Selbstständigkeit bestehen und sie absichern und lernbar machen wollen, muss sie auch verteidigt werden gegen eingefahrene Verhaltensweisen oder gegen ein Unterhaltungs- und Konsumverhalten der Kunden. So ist im Modell der Europäischen Stiftung für Qualitätsmanagement (E.F.Q.M.) ein umfassender Kriterienkatalog um die Mitarbeiterzufriedenheit und die Übernahme von gesellschaftlicher Verantwortung erweitert worden.

Weiterführende Reflexionsfragen
- *„Was waren die Motive der Gründungsmütter und Gründungsväter?*
- *Auf welche soziale Situation wurde damals reagiert?*
- *Wo gibt es Parallelen von Unterschieden zur heutigen Situation?*
- *Würden wir heute noch einmal die gleiche Einrichtung gründen, was würden wir anders machen?*
- *Was ist eine gute und was ist eine schlechte Arbeit aus Sicht der Nutzer und unserer Dienste und Einrichtungen, und wie erfahren wir etwas darüber, um unsere Arbeit zu verbessern?*
- *Welche Verfahren praktizieren wir, um unsere Arbeit reflektierbar und gut zu machen, und welche Modifikation oder Erweiterung dieser Verfahren brauchen wir?"*
- (*Münstermann* 1999, 24 und *Struck* 1999, 17)

Hans-Ulrich Pfeifer-Schaupp hat 2000 neben der kritischen Auseinandersetzung mit den Qualitätsanforderungen und -kontrolle im Sozialwesen zwölf Basis-Standards für die Qualität in der sozialen Arbeit entwickelt, die auch für die Hospizarbeit interessant sein können:
1. Wer definiert die Standards – die Machtfrage (also die Frage nach Beteiligung und Überprüfung)
2. Konzeptionelle Klarheit (Leitbild, Konzeption, Ziele, Planungen, Perspektiven)

3. Personal, Fachkräfte, Mindestqualifikation, Fortbildung, Aufgaben
4. Methodische Fundierung des Vorgehens (Methoden theoretischer Orientierung)
5. Leistungsbeschreibung (Möglichkeiten und Grenzen von Leistungen, Zeit-Budget)
6. Beziehungsqualität (im Team, zu Klienten und Überprüfung und Reflexion der Beziehung)
7. Kollegiale Reflexion der Arbeit (Teambesprechungen, Supervision)
8. Dokumentation (wie viel, zu welchen Aufgaben, Datenschutz, Statistik)
9. Fachliche Weiterentwicklung (Klausurtage, Konzeptüberprüfung, Fachbücherei, Fachtagungen)
10. Fortbildung (pro Jahr, Bezahlung usw.)
11. Supervision (Luxus oder Pflicht und Notwendigkeit)
12. Selbstevaluation (Methoden, Reflexionsfragen)

Ein anderer, für unser Thema bedeutsamer Aspekt der Reflexion ist die Wahrnehmung der **Qualitätserwartung der Patienten** und ihrer Angehörigen. Die folgende Liste, zu sieben Dimensionen zusammengefasst, stammt aus den Ergebnissen einer der größten und methodisch guten Patientenbefragungen.

- Die Patienten wollen als Individuum gesehen werden, deren Würde, Wertüberzeugung und Lebenskonzepte respektiert werden.

- Die Patienten erwarten eine integrierte, koordinierte Versorgung, bei der die unterschiedlichen Professionellen und Einrichtungen ihre Interventionskonzepte abstimmen.
- Die Patienten erwarten Information, Kommunikation und Beratung bezüglich ihres Gesundheitszustandes und die geplanten professionellen Maßnahmen.
- Die Patienten erwarten die Unterstützung ihres physischen Wohlbefindens vor allem hinsichtlich einer sicheren Schmerzbekämpfung.
- Die Patienten erwarten von den Professionellen emotionale Unterstützungsleistungen, besonders im Umgang mit den eigenen Ängsten und Unsicherheiten und bei einer krankheitsbedingten Notwendigkeit und Neuorientierung der eigenen Lebenskonzepte.
- Die Patienten erwarten von den Professionellen, die eigene Familie und eigene Unterstützungsnetze aktiv mit einzubeziehen.
- Die Patienten erwarten professionelle Unterstützung bei lebensbezogenen Übergängen, Transskription im Hinblick auf emotionale und Planungsschwierigkeiten (vgl. *Gerd Heis*, 1993, zitiert nach *Hömann*, 2000, S. 19 f.).

Stand der Qualitätsdiskussion in der Hospizbewegung

Nach dem Gründungsboom hat in der Hospizbewegung die Arbeit an den Qualitätsfragen gerade begonnen. Erste Standards sind erarbeitet für die **Qualifizierung der Ehrenamtlichen**. So hat die Landesarbeitsgemeinschaft Hospiz in Rheinland-Pfalz im Jahr 2000 Qualitätsstandards für die Hospizhelfer-Vorbereitung beschlossen. Die Einhaltung der Qualitätsstandards soll auch als Voraus-setzung für die Zuweisung von Landesmitteln sein. Im gleichen Jahr hat die ISGL-Hospiz ein Curriculum für die Qualifizierung Ehrenamtlicher veröffentlicht und auch für ihre Gruppen als verbindlich erklärt. (*Becker/Burgheim/Jüdt*, 2000)

Die Arbeitsgruppe Sterbebegleitung bei der hessischen Landesregierung erarbeitete in 2001 ebenfalls Kriterien und hat ein Jahr zuvor ein Basiscurriculum für Sozialarbeiter, Pflegende, Seelsorger sowie Ärzte für die Grundausbildung veröffentlicht und über das Wissenschaftsministerium den Ausbildungseinrichtungen empfohlen. Die Beratungsstelle Alpha hat 1999 im Curriculum „Palliativmedizin" Standards gesetzt wie auch die Landesarbeitsgemeinschaft Rheinland-Pfalz ihre Kriterien zur Einstellung von Hospizschwestern in ambulanten Hospizgruppen definiert hat. Ein Arbeitskreis der Bundesarbeitsgemeinschaft und der IGSL-Hospiz zur Qualitätsentwicklung sind an der Arbeit. Über erste Ergebnisse kann hier berichtet werden:

Gemeinsam mit den Landesarbeitsgemeinschaften und in enger Kooperation mit der DGP und dem MHD hat die BAG Hospiz Definitionen und Qualitätskriterien erarbeitet, die eine adäquate ambulante Versorgung und Begleitung Sterbenskranker gewährleisten; verbunden damit ist auch der Aufbau eines Netzwerkes im Sinne der Hospizidee.

Die Begleitung und Versorgung gilt entsprechend dem Personenkreis der Rahmenvereinbarung § 39 a SGB V.

Die vor Ihnen liegenden Definitionen bauen in der Form aufeinander auf, dass die Kriterien und Aufgaben z. B. der ambulanten Hospizinitiative selbstverständlich in den Aufgaben und Kriterien des ambulanten Hospizdienstes bereits enthalten sind und daher nicht mehr gesondert aufgeführt werden müssen.

Reflexionsfragen für eine Qualitätsentwicklung von unten

- Was ist unser Leitbild? / Was sind unsere Ziele?
- Was sind die Schlüsselprozesse, also die für Sterbende, Angehörige besonders wichtigen Abläufe?
- Welche Rollen und Aufgaben übernehmen Vorstand, Ehrenamtliche, Hauptamtliche und welche Rechte haben sie?
- Welche Vereinbarungen treffen wir über unsere Informations- und Kommunikationsabläufe?
- Wie und wie lange ist die Erreichbarkeit gesichert?
- Welche Vereinbarung treffen wir mit unseren Partnern, mit unserem Netzwerk?
- Wie gestalten wir den Erstkontakt, die Beziehungsaufnahme?

- Wie und von wem erfolgt die Zuordnung der ehrenamtlichen Begleiter? Kriterien?
- Wie gehen wir mit Beschwerden, Pleiten, Pech und Pannen um (Fehlerkultur)?
- Wie erfolgt die Dokumentation (Formulare)?
- Wie erfolgen die Werbung, die Erstinformation und die Erstgespräche mit den Ehrenamtlichen?
- Nach welchen Modellen wird qualifiziert?
- Welche Fortbildungen und Tagungen bieten wir den Gruppen an?
- Wie erfolgt die Supervision? (Pflicht?)
- Wie werden die Ehrenamtlichen begleitet, in ihren Sorgen und Problemen ernst genommen und immer wieder neu motiviert?
- Wie erfolgt die Konfliktbearbeitung, eine Krisenintervention?
- Wie erfolgt eine notwendige Trennung oder Beendigung des Engagements?
- Welche Anerkennungskultur pflegen wir?
- Wie machen wir uns unsere gesellschaftliche Relevanz deutlich?
- Für wen, zu was stehen wir und welche Interessen vertreten wir? (Parteilichkeit?)
- Auf welche Weise erfolgt die Evaluation (Reflexion der Fortentwicklung)?
- Was können wir von den Sterbenden, den Angehörigen über die Qualität unserer Arbeit erfahren?

- Welche Mittel setzen wir dazu ein?
- Wie können wir unsere Arbeit dauerhaft finanziell sichern?

Qualitätshandbuch und Organisationshandbuch

Die Erfahrungen einzelner Personen zu diesen Fragen und Themen können in ein Qualitätshandbuch, das mit dem Organisationshandbuch mit den internen Regelungen und Formularen Teil eines Dokumentationssystems ist, eingetragen, nachgelesen und gemeinsam bearbeitet werden.
Zum Schluss soll noch einmal ganz anders, frei von empirischen Forschungen, von Statistik, frei von betriebswirtschaftlichen Dimensionen in einem Märchen das Thema „Qualitätsentwicklung" aufleuchten (in Anlehnung an Chan Kim, 1993):

Wer Schmetterlinge lachen hört – ein Märchen
Es war im dritten Jahrhundert vor Christus, als König Tsao seinen Sohn Prinz Tai zum Tempel schickte, um bei dem großen Meister Pan Ku in die Lehre zu gehen. Ihm war aufgegeben, dem Jungen alles zu lehren, um später ein guter Herrscher zu sein. So schickte der Meister den Jungen allein in den Wald. Nach einem Jahr sollte der Prinz zurückkommen und den Klang des Waldes beschreiben.
Zurückgekehrt, wurde der Prinz von Pan Ku aufgefordert, alles zu beschreiben, was er gehört hatte. „Meister", antwortete der Prinz, „ich konnte hören, wie der Kuckuck ruft, die Blätter rauschen, die Grillen zirpen, das Gras weht,

die Bienen summen und der Wind flüstert und tobt." Als der Prinz geendet hatte, schickte ihn der Meister erneut in den Wald, um noch mehr zu erlauschen.

Tag für Tag und Nacht für Nacht war der junge Prinz allein im Wald und lauschte. Eines Morgens jedoch saß der Prinz still unter den Bäumen und plötzlich drangen ganz schwache Laute zu ihm, wie er sie zuvor nie gehört hatte.

Beim Tempel wieder angekommen, wurde er vom Meister gefragt, was er noch gehört habe. „Meister", antwortete ihm der Prinz ehrfürchtig, „als ich ganz genau lauschte, konnte ich vorher nie Gehörtes hören: die sich öffnenden Blumenblüten, den Klang der Sonne, die die Erde wärmt, und den Klang des Grases, das den Morgentau trinkt. Ich konnte Schmetterlinge lachen hören."

Der Meister nickte anerkennend. „Das Unhörbare zu hören", bemerkte Pan Ku, „ist als Fähigkeit bei einem guten Herrscher unabdingbar, um die wahren Bedürfnisse seines Volkes zu erfüllen. Der Niedergang von Staaten beginnt, wenn die Führer nur auf flüchtige Worte hören und sich nicht in die Seelen der Menschen hineinversetzen, um ihre wahren Ansichten, Gefühle und Wünsche herauszuhören."

Mit diesen Eigenschaften wäre Prinz Tai sicher ein guter und qualifizierter Sterbebegleiter. In seinem Volke ließ sich in Geborgenheit und Achtsamkeit sterben.

Definitionen und Qualitätskriterien ambulanter Hospizarbeit von der Bundesarbeitsgemeinschaft (DHPV) und den Landesarbeitsgemeinschaften (LAG) Hospiz

1. Ambulante Hospizinitiative und Hospizgruppe
Aufgaben
- Bildungs- und Öffentlichkeitsarbeit
- und / oder psycho-soziale Begleitung durch geschulte ehrenamtliche HospizhelferInnen
- und / oder Trauerbegleitung

2. Ambulanter Hospizdienst (AHD)
Aufgaben (zusätzlich zu 1):
- Psycho-soziale Beratung
- Sterbebegleitung, Trauerbegleitung, Angehörigenbegleitung
- Durchführung bzw. Vermittlung von HospizhelferInnenschulung
- Öffentlichkeitsarbeit

Strukturqualität
- Qualifizierte MitarbeiterInnen (mind. 10 geschulte, einsatzbereite Ehrenamt-
liche; mind. 0,5 hauptamtliche, fachlich qualifizierte KoordinatorInnen)
- Hospizbüro
- Erreichbarkeit zu festen Bürozeiten

Prozessqualität
- Geeignetes Dokumentationssystem inkl. Beteiligung an der standardisierten Dokumentation der BAG-

Hospiz
- Interne und externe Qualitätssicherung (Hospizhelferbegleitung, Supervision, Fortbildung)

Ergebnisqualität
- Evaluation im Rahmen der standardisierten BAG-Dokumentation

Ambulanter Hospiz- und Palliativ- Beratungsdienst (AHPB)
Aufgaben (zusätzlich zu 1 und 2):
- Beratung bezüglich palliativ-pflegerischer Maßnahmen in Abstimmung mit behandelnden ÄrztInnen und beteiligten Pflegediensten
- Vermittlung weitergehender Hilfen

Strukturqualität
- Fachlich qualifizierte psycho-soziale Beratung
- Mindestens 0,5 hauptamtliche Palliativ-Care-Pflegefachkräfte

Prozessqualität
- Beratungsplanung
- Geeignetes Dokumentationssystem (inkl. Beteiligung der standardisierten AHD-Dokumentation der BAG-Hospiz)
- Interne und externe Qualitätssicherung (regelmäßige Fort- und Weiterbildung in palliativer Pflege sowie angemessene Praxisbegleitung und Supervision)
- Aufbau und Beteiligung am Netzwerk Hospiz

Ergebnisqualität
- Einsatz von Instrumenten zur Selbst- und Fremdeinschätzung (z. B. Symptome, Lebensqualität, Zufriedenheit)
- Evaluation im Rahmen der standardisierten BAG-Dokumentation

Ambulanter Hospiz- und Palliativ-Pflegedienst (AHPP)
Aufgaben (zusätzlich zu 1, 2 und 3):
- Palliativ-pflegerische Versorgung in enger Abstimmung mit behandelnden Ärzten
- Grundpflege bei Bedarf
- Gegebenenfalls Anleitung von Angehörigen bei palliativ-pflegerischen Maßnahmen

Strukturqualität
- Qualifiziertes Personal (mindestens 3 hauptamtliche Palliativ-Care Pflegefachkräfte)
- 24 Stunden Einsatzbereitschaft
- Instrumentelle Ausstattung (in Anlehnung an § 37 und § 39 a SGB V)
- Anbindung eines palliativ-medizinischen Konsiliardienstes

Prozessqualität
- Beratungs- bzw. Pflegeplanung
- Geeignetes Dokumentationssystem (inkl. Beteiligung der standardisierten Dokumentation der BAG-Hospiz)
- Interne und externe Qualitätssicherung (regelmäßige Fort- und Weiterbildung in palliativer Pflege sowie

angemessene Praxisbegleitung und Supervision)

Ergebnisqualität
- Einsatz von Instrumenten zur Selbst- und Fremdeinschätzung (z. B. Symptome, Lebensqualität, Zufriedenheit)
- Evaluation im Rahmen der standardisierten BAG-Dokumentation

So weit die bisherigen Qualitätskriterien der BAG-/ LAG-Hospiz. Neben den mehr von oben her kommenden Standards zur Qualifizierung wird es zukünftig auch darauf ankommen, in den Gruppen selbst die Reflexion über die Qualität der Hospizarbeit zu führen, und zwar im Dialog und Diskurs, an dem möglichst viele aktive Mitarbeiter beteiligt werden sollten, also an den generellen Fragen:

- Wann können wir uns nach einer Sterbe- oder Trauerbegleitung mit einem guten Gefühl zurücklehnen?
- Wann sind wir mit unseren Diensten und unserer Gruppe zufrieden?
- Wie können wir dies auf Dauer erhalten und noch verbessern?

Literatur:
Becker, P. / Burgheim, W. / Jüdt, U.: Lehren und Lernen für Sterbende und Trauernde, Bingen 2000
Chan Kim, W. R. Manborgne, R. A.: Die Lehre des plätschernden Baches. In: HBmanager, 1/93, 14 f.
Hömann, U.: Der Blicke von eigenen Berg. ...oder eine

professions- und institutionsübergreifende Qualitätsentwicklung, In: Hochschulbrief, 26 /2000, S. 18-34
Müller, B.: Probleme der Qualitätsdiskussion in sozialpädagogischen Hand-
lungsfeldern. In: Merchel. J. (Hrsg.), Qualität in der Jugendhilfe, Münster 1998, S. 43-60
Meinhold, M.: Was heißt „Qualitätssicherung" bei sozialen Dienstleistungen? Widersprüche 53 / 1994 S. 41-49
Münstermann, K.: Qualität in der Jugendhilfe. Die zentrale Herausforderung – besonders für Leitungskräfte. In: Sozialpäd. Institut, 1999, S. 22-33
Pfeifen-Schampp, H. U.: Die Verpackung des Dürftigen oder die Sicherung des Banalen. In: Hochschulbrief 26/2000,2-9,
Schreyer-Schubert, A. u. a.: Leitfaden für Qualitätsbeauftragte QS 28 der Materialien zur Qualitätssicherung in der Kinder- und Jugendhilfe, herausgegeben vom Bundesministerium für Familie ..., Berlin 2000
Sozialpäd. Institut im SOS Kinderdorf e. V. (Hrsg.), Qualitätsmanagement in der Jugendhilfe, München 1999
Struck, N.: Die Qualitätsdiskussion in der Jugendhilfe in Deutschland. In: Sozialpäd. Institut 1999, S. 6-21

5 Modelle zum Umgang mit Sterbenden und Toten in Institutionen

Hinweis:
Die inhaltlich ausgewählten fünf Beispiele sind u.U. inzwischen fortgeschrieben.

Modell 1:
Regelungen einer Klinik*

Ziel ist es, dem Sterbenden ein würdevolles Sterben im Beisein der Familie zu ermöglichen.

1. Bei der Aufnahme von Patienten, die im Sterben liegen, werden diese allein in ein Einbettzimmer oder ein Zweibettzimmer gelegt.
2. Tritt die Situation ein, dass ein Patient während des stationären Aufenthaltes in ein präfinales Stadium gerät, werden die Mitpatienten in ein anderes Zimmer verlegt, damit der Sterbende nicht aus dem ihm vertrauten Zimmer genommen wird.
3. Ist die unter Punkt 2 beabsichtigte Lösung nicht durchführbar, wird der Sterbende in ein anderes Ein- oder Zweibettzimmer verlegt.

Ist der Tod des Patienten eingetreten, gilt folgende Regelung:
- Der Verstorbene verbleibt im Zimmer, bis der behandelnde Arzt die sicheren Todeszeichen feststellt.
- Auch bei Verstorbenen im Intensivbereich ist zu beachten, dass der Transport und das Verbringen in die

Kühlbox erst nach Erkennen der sicheren Todeszeichen erfolgen dürfen.
- Um die Würde des Verstorbenen zu wahren, ist beim Transport von der Station in die Räume der Prosekur vom Personal darauf zu achten, dass:
- keine zusätzlichen Schutzmaßnahmen erforderlich sind, der Verstorbene mit einem Laken abgedeckt und hierauf, wenn möglich, ein Blumenstrauß gelegt wird und
- der Transport möglichst dann erfolgt, wenn auf den Fluren wenig Publikumsverkehr herrscht.

Möchten sich **Angehörige** noch von dem Verstorbenen verabschieden, nachdem dieser bereits in die Kühlbox verbracht wurde, muss der Tote im Vorraum angemessen aufgebahrt werden. Die Qualität des Krankenhauses zeigt sich auch im Umgang mit Sterbenden und Verstorbenen.

Modell 2:
Leitbild eines Altenheimes

Das verdichtete gemeinsame Selbstverständnis einer Institution ist in einem Leitbild enthalten. Es steht zwischen dem Bewahren und der Innovation und hat von daher immer einen vorläufigen Charakter. In der Regel enthält es im sozialen Bereich Äußerungen zu:
- Orientierung am Menschen
- Mitarbeiterorientierung
- Wirtschaftlichkeit
- Gesellschaftliche Verantwortung
- (vgl. Bundesmin. QS 28; Lit.-Angabe siehe 7.1, S. 15)

Modell 3:
Leitbild „Haus am Lohwald"
Würde und Lebensqualität unserer Bewohner bestimmen unser Handeln.
Wir nehmen unsere Bewohner und ihre Angehörigen als wichtigste Partner in ihrer Eigenständigkeit ernst.
Für die Zufriedenheit unser Partner finden wir auch unkomplizierte und unkonventionelle Lösungen.
Mit professionellem Arbeiten und kostenbewusstem Wirtschaften aller Mitarbeiter bieten wir bestmögliche Leistungen zu angemessenen Preisen.
In unserer Zusammenarbeit sind wir:
- offen und klar,
- höflich und bestimmt,
- solidarisch und zielgerichtet,
- persönlich und lösungsorientiert.

Jeder von uns kennt seine Verantwortung für das Eigene und das Ganze und übernimmt sie auf seinem Platz und in seiner Stellung.
Übergänge und Abschiede sind unsere Realität.
Wir akzeptieren die Gefühle bei Veränderungen und Verlusten.
  Wir sehen es als Aufgabe, das Unvermeidliche zu tragen und Neues zu wagen. Einsicht in das Notwendige gewinnen und vermitteln wir durch gemeinsame Gespräche und Rückmeldungen. Gleich bleibt, trotz fortwährender Veränderung unser Ziel, Menschlichkeit, Wirtschaftlichkeit und Professionalität miteinander zu verbinden.

Pflegeleitbild

Für bestmögliche Pflege legen wir Wert auf gute Kooperation in allen Bereichen.
- Wir geben unseren Bewohnern menschliche Sicherheit und wahren ihre Individualität.
- Wir begleiten und pflegen die uns Anvertrauten auf ihrem letzten Lebens-
abschnitt und bieten ihnen Unterstützung für ein menschenwürdiges Leben und Sterben.

Modell 4:
Grundsätze für die Begleitung von Sterbenden in den Krankenhäusern von der Stiftung Kreuznacher Diakonie

I.
Wir sehen unsre Aufgabe darin, Leben zu erhalten, Gesundheit zu schützen und wieder herzustellen und Leiden zu mindern.

Wir sehen unsere Aufgabe aber auch darin, Sterbenden beizustehen und sie bis zu ihrem Tode zu begleiten; ebenso die Angehörigen bei der Begleitung zu unterstützen und zu fördern.

Die folgenden Grundsätze haben nur dann Gültigkeit, wenn ein Patient oder eine Patientin sich in einem unumkehrbaren Sterbeprozess befindet. Ein solcher ist charakterisiert durch das unwiderrufliche Versagen vitaler Funktionen und ist im Konsens der behandelnden Ärzte / Ärztinnen und Pflegenden festzustellen. Das Vorliegen einer unheilbaren Krankheit ist für uns noch kein Sterbeprozess. Ebenso wenig liegt ein Sterbeprozess vor bei einem Patienten oder einer Patientin mit schwersten cerebralen Schädigungen oder anhaltender Bewusstlosigkeit.

Ebenso wenig haben diese Grundsätze Gültigkeit für die Behandlung von Neugeborenen mit schwersten Fehlbildungen oder schweren Stoffwechselstörungen, auch dann, wenn eine Vitalfunktion ausfällt oder ungenügend vorhanden ist. Dies ist Gegenstand eines eigenen Orientierungsrahmens.

II.

Weil wir daran glauben, dass jedes menschliche Leben ein Geschenk Gottes ist und damit unserer Verfügbarkeit entzogen ist, lehnen wir jede aktive Sterbehilfe ab, auch dann, wenn ein Patient oder eine Patientin sie fordert.

Es ist uns wichtig, das Leben in seinen wechselnden Phasen als ein Ganzes zu begreifen. Das beinhaltet, dass wir Leben sowohl von den Möglichkeiten als auch von den Begrenzungen her verstehen und akzeptieren.

Für uns sind die unterschiedlichen Phasen mensch-lichen Lebens zu jeder Zeit von gleichem Wert. Dies betrifft auch das Sterben als letzte Phase des Lebens.

Bei unseren Entscheidungen und Handlungen nehmen wir die Ängste von Patienten und Patientinnen ernst. Dazu gehören unter anderem:

- Die Angst, Schmerzen erleiden zu müssen.
- Die Angst, im Sterben allein gelassen zu werden.
- Die Angst, ausgeliefert zu sein und in der Würde und seinem Willen nicht geachtet zu werden.

- Die Angst, unnötig lange am Leben erhalten zu werden, was keiner Lebens-, sondern einer Sterbe-verlängerung gleich käme.
- Die Angst, dass das Leben fahrlässig verkürzt wird durch mangelnde medizinische oder pflegerische Hilfe.

III.
Wir verpflichten uns zu einer würdigen Begleitung von Sterbenden. Darunter verstehen wir die medizinische, pflegerische und seelsorgerische Begleitung.
Wir achten das Selbstbestimmungsrecht der Patienten und Patientinnen.
Sofern ein unumkehrbarer Sterbeprozess vorliegt, kann an die Stelle der Verpflichtung zur Lebenserhaltung und damit Lebensverlängerung eine Therapie möglichst großer Schmerzfreiheit treten. Die Schmerzbekämpfung hat für uns Priorität vor der Gefahr der Lebensverkürzung.
Wir verpflichten uns zu einer würdigen Unterbringung von Sterbenden
- Dazu gehört, dass diese in der Regel in einem Zimmer alleine verbleiben können
- zu menschlicher Zuwendung und Körperpflege,
- zu Linderung von Schmerzen und Atemnot sowie Übelkeit und
- zum Stillen der Grundbedürfnisse wie Hunger und Durst.

Wir verpflichten uns zu einer Therapieänderung und damit auch zum Verzicht auf lebensverlängernde Maßnahmen, um das unausweichlich gewordene Sterben nicht hinauszuzögern. Eine solche Therapieänderung ist für uns besonders dann verpflichtend, wenn der Patient oder die Patientin im Bewusstsein der Tragweite dieser Entscheidung den Verzicht ausdrücklich als ihren / seinen Willen erklärt. Wir nehmen damit den Willen des Patienten / der Patientin ernst, sich bewusst auf das eigene Sterben vorzubereiten.

Ein besonderes Problem sehen wir im Verzicht auf lebensverlängernde Maßnahmen ohne aktuelle Einwilligung des Patienten / der Patientin. Ein schriftlich vorliegender Patientenwille in Form einer Patienten-verfügung oder Vorsorgevollmacht ist verbindlich. Es ist zu prüfen, ob dieser Wille auch angesichts der jetzt eingetretenen Situation Gültigkeit hat.

Der Verzicht auf lebensverlängernde Maßnahmen ohne Einwilligung des Patienten / der Patientin und ohne vorliegende Patientenverfügung erfordert die Ermittlung des mutmaßlichen Willens des Patienten. Dieser ergibt sich aus den Gesamtumständen, insbesondere früheren Erklärungen des Patienten / der Patientin, seiner / ihrer Lebenseinstellung, seiner / ihrer religiösen Überzeugung, seiner / ihrer Haltung zu Schmerzen und zu schweren Schädigungen in der ihm / ihr verbleibenden Lebenszeit. In die Ermittlung des mutmaßlichen Willens sollen die Angehörigen oder andere nahe stehende Personen einbezogen werden. Eine Entscheidung über die weitere Behandlung sollen die behandelnden Ärzte / Ärztinnen und Pflegenden gemeinsam treffen. Im Falle des Dissens gibt das Klinische Ethikkomitee ein Votum ab. Jeder Mitarbeitende, jeder Patient / jede Patientin, jeder Angehörige hat das Recht, das Klinische Ethikkomitee anzurufen. Die Entscheidung zu Therapieänderung und Therapieverzicht darf nicht von wirtschaftlichen Erwägungen abhängig gemacht werden.

IV.

Grundsätzlich bekennen wir, keine fertigen Antworten für alle Situationen zu haben. Wir verpflichten uns aber, in der jeweils konkreten Situation zu einer für alle Beteiligten verantwortlichen Entscheidung zu kommen.

Wir verpflichten uns in strittigen Fällen zu einem interdisziplinären und alle Beteiligten einbeziehenden Dialog. Wir versuchen dabei, uns die Situation und die Not des Gegenübers zu vergegenwärtigen. Wir nehmen uns in unseren Gewissen gegenseitig ernst.

Unsere Entscheidungen basieren grundsätzlich auf einem Konsens der ärztlichen, pflegenden und sonstigen Beteiligten. Uns ist wichtig, dem Patienten / der Patientin durch wahrheitsgemäße Information, die sich an seiner / ihrer Situation orientiert und vorhandenen Ängsten Rechnung trägt, zu selbstständigen Entscheidungen zu verhelfen. Wir nehmen uns Zeit für solche Gespräche und Beratungen. Gegebenenfalls sind die Angehörigen mit einzubeziehen.

Wir verpflichten uns einerseits, alles in unserer Macht Stehende zu tun, um Leben zu schützen und zu erhalten, ohne andererseits zu versuchen, qualvolle Prozesse nur um des bloßen Prinzips willen sinnlos zu verlängern. Wir sind uns bewusst, dass gerade die Angst vor der modernen Medizintechnik und vor einem möglicherweise Nicht-in-Würde-sterben-Können die Notwendigkeit dieser Grundsätze bedingen.

Patienten und Patientinnen und ihre Angehörigen können in unseren Häusern darauf vertrauen, dass ärztliche und pflegende sowie andere Mitarbeitende die oben beschriebenen Grundsätze ernst nehmen und danach handeln.

Die Grundsätze für die Begleitung von Sterbenden in den Krankenhäusern der Kreuznacher Diakonie wurden in einer gemeinsamen Sitzung des Ethikausschusses Kreuznacher Diakonie und der Krankenhauskonferenz „Kreuznacher Diakonie" am 12. März 2001 verabschiedet.

Die Grundsätze wurden in der Sitzung des Vorstandes am 21. März 2001 beschlossen. Sie treten zum 01. Juli 2001 in Kraft.

Der Autor dankt dem „Ethikausschuss" und dem Vorstand der Kreuznacher Diakonie für die Abdruckerlaubnis.

Modell 5:
Pflege und Begleitung von Sterbenskranken in Senioreneinrichtungen der Adolphi-Stiftung gGmbH, Essen von Sabine Brée (in Kooperation mit den Teilnehmern des Qualitätszirkels)

Einführung
Leiden, Sterben und Tod sehen wir als Teil des Lebens an. In diesen Situationen kommt es uns darauf an, qualifizierte und individuelle Begleitung anzubieten. Dieses ist für uns ein Wesensmerkmal diakonischer Pflege und Betreuung. Die Begleitung der Sterbe- und Trauerphase stellt hohe Anforderungen an die Mitarbeiter.

Ziele
Orientierung an der Individualität der Schwerkranken und Sterbenden, wenn nötig vor institutionellen und /oder fachlichen Aufgaben.

- Besondere Beachtung der Würde und des Selbstbestimmungsrechts von schwerkranken und sterbenden Menschen.
- Zusammenarbeit mit allen am Sterbeprozess beteiligten Personen und Institutionen (z. B. Angehörige, Kirchengemeinde, Hospiz etc.).
- Gewährleistung eines würdevollen Umgangs mit den Verstorbenen.
- Beachtung der Bedürfnisse von trauernden Angehörigen, Bezugspersonen und Mitarbeitern.

Regelungen

Die Begleitung von Schwerkranken, Sterbenden, ihren Angehörigen und Bezugspersonen gehört zu den Aufgaben der Pflege und Betreuung. Dieses ist Bestandteil des Leistungsangebotes der Adolphi-Stiftung Seniorenein-richtungen gGmbH.

Diakonische Sterbebegleitung orientiert sich für uns an einem menschenwürdigen Sterben auf der Grundlage der christlichen Ethik und unseres Pflegeleitbildes. Zuständig sind hierbei in erster Linie die betreuenden Pflegeteams. Die Teams entscheiden gemeinsam mit dem Bewohner und dessen Angehörigen / Betreuern und Bezugspersonen.

Im Regelfall wird der soziale Dienst und die Heimleitung / PDL durch das Pflegeteam informiert, beteiligt sich an der Begleitung des Bewohners und stellt bei Bedarf Kontakte zu anderen Institutionen (z. B. Hospiz, Pfarrer) her. Andere Berufsgruppen (z. B. Hauswirtschaft und externe Institu-tionen) werden ebenfalls informiert und bei Bedarf mit ein-bezogen.

Um die Sterbebegleitung und Begleitung der Schwer-kranken in der Nacht zu gewährleisten und sicherzustellen ist bei Bedarf und im Notfall durch die diensthabende Nachtwache die Heimleitung / PDL zu informieren.

Die Wünsche der Bewohner bzw. Betreuer für den Sterbefall werden durch unsere Mitarbeiter im Rahmen des Heim-einzugsverfahrens, bei der Erstellung der Biografie und der Pflegeanamnese (AEDL Punkt 13) erfragt und dokumentiert und im Rahmen der Sterbebegleitung umgesetzt (z. B.

Sterben in gewohnter Umgebung, Wunschkost, Lieblingsmusik, Blumenschmuck).

Wir streben an, dass die Bewohner bei uns versterben können. Im Falle einer anstehenden Krankenhauseinlieferung werden die Wünsche des Bewohners oder des Betreuers beachtet und gegen die fachlichen Begebenheiten abgewogen. Das Pflegeteam muss bei diesen Entscheidungen die Heimleitung oder Pflegedienstleitung hinzuziehen.

Die Gestaltung der Räumlichkeiten der Adolphi-Stiftung Senioreneinrichtungen gGmbH fördern individuelle Begegnung und Geborgenheit. (z. B. Schild „Hüte die Stille" an der Bewohnertür, Sitzgelegenheiten für die Ange-hörigen, spanische Wand, Verpflegungsangebot für die Angehörigen, spanische Wand, Verpflegungsangebot für die Angehörigen bei Bedarf).

Die Mitarbeiter unserer Einrichtungen erhalten Fortbildungs- und Qualifizierungsmöglichkeiten im Rahmen des Fort- und Weiterbildungskonzeptes (QMH).

Den Mitarbeitern in der Sterbe- und Trauerbegleitung wird Beratung, Seelsorge und / oder Supervision angeboten. Die Nutzung dieser Angebote können über die Heimleitung / PDL erfragt werden.

Seelsorger der Gemeinde bzw. zugehörigen Gemeinde der Bewohner werden durch das Mitarbeiterteam eingebunden (Telefonlisten liegen vor).

Die Adolphi-Stiftung Senioreneinrichtungen gGmbH arbeitet bei Bedarf in einem Netzwerk mit Hospizinitiativen zusammen. Der Kontakt erfolgt über die Heimleitung / PDL bzw. den Sozialen Dienst (Telefonlisten liegen vor).

Ehrenamtliche Mitarbeiter werden nach Möglichkeit in die Sterbe- und Trauerbegleitung einbezogen. Der Kontakt erfolgt über die Heimleitung / PDL bzw. den Sozialen Dienst. Auch ehrenamtliche Mitarbeiter werden im Rahmen unseres Fort- und Weiterbildungskonzeptes geschult.

Im Todesfall wird die Checkliste (siehe Anhang) ausgefüllt. Verantwortlich für das Bearbeiten der Checkliste ist die jeweilige Schichtleitung.

Unsere Einrichtungen verfügen jeweils über geeignete Räumlichkeiten für einen würdevollen Abschied.

Angehörige, Bezugspersonen, sowie Mitarbeiter erhalten die Möglichkeit, in einem würdevollen Rahmen Abschied zu nehmen.

Angehörige und Bezugspersonen erfahren ebenfalls Trost und Unterstützung und können sich auf Wunsch an der Versorgung des Verstorbenen beteiligen. Trauerbegleitung wird in Kooperation mit den zuständigen Kirchengemeinden angeboten. Der Kontakt erfolgt über die Heimleitung / PDL, den Sozialen Dienst oder durch das Pflegeteam. Die Aussegnung verstorbener Bewohner findet in unseren Einrichtungen nach besonderen Ritualen statt, z. B. Erinnerungen beim Jahresgedenkgottesdienst, monatliche Aussegnung beim Gottesdienst, Kerze bei nächster Mahlzeit auf dem Platz des verstorbenen Bewohners im Speisesaal, Gedenkgebet im Speisesaal vor der Mahlzeit mit den anderen Bewohnern).

Dadurch werden im Umgang mit Leiden, Sterben und Tod die physischen, psychischen, sozialen und spirituellen Dimensionen der Pflege berücksichtigt. Andere religiöse Kulturen und Rituale werden respektiert und auf Wunsch werden Kontakte zu entsprechenden Einrichtungen vermittelt.

6 Lehren und Lernen für Sterbende und Trauernde

Eine Didaktik der Sterbebegleitung

In diesem Beitrag formuliere ich Überlegungen und Konzepte für eine Bildungsarbeit mit und für Sterbende und Trauernde. Sie sollen primär jenen Anregungen geben, die solche Lehr-Lernprozesse organisieren und gestalten. Aber auch die Lernenden selbst, die sich in einen solchen Qualifikations- und Befähigungsprozess hineinbegeben, sollen die Standards und ihre Rolle kennen lernen. Auch der Sterbende selbst hat noch viel zu lernen. Nicht zuletzt können die Überlegungen unter dem Motto: „Hospiz macht Schule", auf Lernprozesse zu den Themen Tod, Sterben und Trauer der Schule und Hochschule übertragen werden.

Qualifizierung für die Hospizarbeit in der Diskussion

Kann man Sterben lernen?
Diese grundsätzliche Frage ist nicht mit einem schnellen Ja zu beantworten. Für das Sterben selbst würde ich sie eher verneinen und zwar aus folgenden Gründen:
Sterben ist ein Mysterium, ein Geheimnis, das wir, wie den Menschen selbst, nie ganz erfassen können. Es gibt heute viel gesichertes Wissen aus den Humanwissenschaften und der Thanatologie (Lehre vom Sterben), aber letztendlich bleibt der Mensch selbst und sein Sterben, der endgültige

Abschied und die transzendentale Frage doch ein Geheimnis. Vielleicht tut es gut, noch solche wenige, nicht empirisch messbare, fassbare Bereiche des menschlichen Lebens unentschlüsselt zu haben, die sich nur dem erschließen, der sich von ihm finden lässt oder den Schritt hinüber vollbracht hat.

Sterben ist ein Unikat, das persönlichste und fremdeste im Leben, das, wie jeder Mensch, einmalig ist. Deshalb lässt sich das Sterben, ob der Einmaligkeit, nicht gesetzlich regeln. Gesetze sind allgemeine Rechtsnormen, die Vorstellungen und Freiheit des einzelnen Menschen und ethische Standards allenfalls absichern können.

Sterben ist die existenziellste Krise, ein Wendepunkt, bei dem der Mensch heraustritt (ex-istere), ein Schicksalsschlag des Menschseins, bei der das Ge-schickte durch uns hindurch läuft (sal) und nicht wegzuschaffen, sondern allenfalls zu metamorphosieren, d. h. zu verwandeln ist.

Sterben macht, trotz allem Leid, das Leben wertvoll, da das Sterben die Lebenszeit begrenzt und dadurch verknappt. Gold und Diamanten sind nur wegen ihrer Knappheit wertvoll.

Sterben ist die Wand, an der der Ball abprallt und wieder ins Leben zurückgespielt wird. Wir müssen den Ball aufnehmen und nicht versuchen, die Wand zu beseitigen.

Sterben reflektieren und gestalten lernen

Trotz dieser grundsätzlichen Einwände bleibt für das Sterben noch viel zu lernen. Lernbar ist die Gestaltung dieser außergewöhnlichen Situation, die herausgenommen wird aus dem Alltag, also kultiviert, d. h. gepflegt wird. Sterbenskranken soll ermöglicht werden, entsprechend ihren Wünschen und Vorstellungen möglichst in vertrauter Umgebung (zu Hause oder Daheim) mit dem Höchstmaß an Selbstbestimmung und in Schmerzfreiheit den letzten Weg in vertrauter Umgebung und gemeinsam zu gehen. Dabei werden Angehörige, Freunde und Nachbarn von den Begleitern nicht verdrängt, sondern in ihrer Sorge unterstützt. Doch der Sterbende hat das Sagen!

Die zu Beginn gebrauchten Begriffe von „Qualifizierung" und „Befähigung" weisen darauf hin, dass es bei dieser Art von Lernen nicht um Techniken, nicht um Ratschläge und Rezepte gehen kann, nicht allein um abprüfbares Wissen, sondern um derartige Fähigkeiten wie: begleiten, einfühlen, hinzuhören, abspüren, trösten, sich zusammensetzen, um sich gemeinsam auseinanderzusetzen, in Suchbewegungen Fragen zu ventilieren usw. So entsteht zum Beispiel die Frage: „Was ist der Mensch – jetzt noch?", nachdem ihm die Jugend und die Leistungskraft abhanden gekommen ist und der Reichtum nur noch wenig nützt. Oder: „Was ist das mit der Würde des Menschen?" Sie ist ihm nicht verliehen, kann ihm nicht genommen werden, sondern ist ihm als Mensch zu eigen. Er kann nur würdelos behandelt, vernachlässigt und ausgegrenzt werden.

Suchbewegungen auf solche Fragen in Bildungsprozessen sind ein Beitrag zur Reifung und Persönlichkeitsentwicklung des Menschen, die sich auf die Sterbebegleitung vorbereiten. Perspektiven für Lebenskonzepte und Auseinandersetzung mit den Themen Tod und Sterben in der heutigen Gesellschaft sind weitere nützliche weitere Lernergebnisse. Für den Sterbenden bedeuten sie eine letzt Reifung.

Muss man Sterbegleitung überhaupt lernen?

In der Hospizbewegung war es lange Zeit noch umstritten, ob Qualifizierungsmaßnahmen überhaupt erforderlich sind. Angehörige, so wurde argumentiert, begleiten ihre Sterbenden seit Jahrhunderten – ohne Ausbildung. Mit einem guten Herzen, etwas Erfahrungsaustausch in der Gruppe bei einer brennenden Hospizkerze wird die Sterbebegleitung schon zu machen sein …

Heute wird in der Bildungsarbeit viel experimentiert und so manche fühlen sich, da es keine Eingangs-voraussetzungen gibt, selbst berufen, Seminare durchzu-führen. Qualitätssicherung und Qualitätsstandards werden viel zu wenig eingefordert. 1993 wurde in der Evangelischen Kirche ein Handbuch herausgegeben, das sog. „Celler Modell", in dem ein erstes Konzept zur Einführung in die Sterbebegleitung formuliert worden war. Titel: „Verlass mich nicht, wenn ich schwach werde." 2004 wurde es über-arbeitet und aktualisiert.

Die Internationale Gesellschaft für Sterbebegleitung und Lebensbeistand (IGSL-Hospiz) brachte unterMitwirkung des Autors ein Curriculum der Beschreibung des Lehr-Lernprozesses heraus, 2006 neu überarbeitet. Bis heute wird das Ausbildungskonzept von ALPHA – Ansprechstelle im

Land NRW zur Pflege Sterbender, Hospizarbeit und Angehörigenbegleitung – von vielen Hospizgruppen als Modell genutzt. Auf der 9. Fachtagung des Landes Hessen zur Verbesserung der Sterbebegleitung 2005, wurden in einer Arbeitsgruppe Konzepte verglichen und diskutiert. Die Bundesarbeitsgemeinschaft Hospiz erarbeitet in einem Forschungsprojekt mit der Hochschule Ravensburg-Weingarten (Prof. Wissert) ein Qualifizierungs-konzept, erhältlich über die BAG-Hospiz.

Während früher mit über 40 ehrenamtlichen Teilnehmern an zwei Wochenende die Qualifikation abgeschlossen war, sind es heute zwölf bis 14 Teilnehmer, die sich intensiv mit den Themen an mehreren Wochenenden auseinandersetzen und so auf die ehrenamtliche Sterbe-begleitung vorbereiten.

Neben dem dringenden Erfordernis, die Themen Sterben, Tod und Trauer auch in der Schule und Hochschule als festen Themenkreis zu verankern, gilt es, im Zuge der Professionalisierung in der Hospizbewegung, in Fortbildungen Ärzte, Schwestern, Pfleger, Sozialarbeiter und Theologen systematisch in diese Thematik einzuführen. Für die Ausbildung der Mediziner habe ich einige vorbildliche Konzepte gefunden. Die Fortbildung zum Palliativmediziner ist inzwischen geregelt.

Didaktik der Erwachsenenbildung, Krisenpädagogik und Thanatologie

Grundsätze

Didaktik ist die Lehre von der Organisation von Lehr-Lernprozessen. Erforscht und geschrieben wurde und wird die Didaktik meist für die Unterrichtsfächer an Schulen. Inzwischen sind aber auch Curricula für die Erwachsenenbildung (z. B. *Meueler*), für die Krisen-pädagogik (*Burgheim / Amini*) formuliert worden. Für lebenslange Lernprozesse erwachsener Menschen, für Men-schen in Krisen und für mündige Bürger (bürgerschaftliches Lernen) gelten andere Gesetze und Lernziele als in der Schule (vgl. die Lernarten: Schulisches Lernen, Leben lernen, existenzielles Lernen, existenzielles Krisenlernen, Sterben lernen).

Die Rollen von Lehrenden und Lernenden sind jetzt anders definiert wie auch der Bildungsbegriff selbst. Gelernt werden kann auch die Beschaffung von Drogen. Im Bildungsbegriff wird Lernen sinnvoll. An hospizlichen Themen lässt sich das Leben entfalten. Es sind „generative Themen" (Paulo Freire), in denen das Leben verschlüsselt ist und wieder decodiert werden kann.

Generative Themen könnten in unspezifischer Liste sein: *Meine Grenzen, Loslassen, Schuld, Krankheit, Sterben, Tod, Erinnerungen, Lebenslauf, Lebenssinn, Gewohnheiten, Bindungen, Eltern / Kind sein, Solidarität ...*

Das **Prinzip des Fundamentalen** erscheint bei der Auswahl von solchen Inhalten. Für *Paulo Freire* enthält ein ‚*thematisches Universum*' den Gesamtkomplex interagierender Themen einer Epoche: Das der Herrschaft, der Eliminierung und Überwindung entmenschlichender Unterdrückung, in denen Menschen zu Dingen reduziert werden. So haben Fragen nach dem Sinn des Lebens und einer humanen Welt fundamentalen Charakter. Bei Paulo Freire werden Fundamentalthemen, die in der Regel von den Leuten nicht direkt vorgeschlagen werden und wurden, als ‚Scharnierthemen' bezeichnet. „Sie können entweder die Verbindung zwischen zwei Themen erleichtern oder eine mögliche Lücke zwischen dem allgemeinen Programminhalt und der Weltsicht illustrieren, die die Leute haben. Deshalb kann ein solches Thema auch am Anfang einer thematischen Einheit stehen." Scharnierthemen im weitesten Sinne können auch dazu dienen, aus zu großer Betroffenheit und existenzieller Überforderung herauszu-führen (Abkühlung), oder Oberflächlichkeiten und „Darüberitis" in tiefere Gedankengänge zurückführen.

Lernen und Bildung neu begriffen und verortet

*L
ehrende können das Vertrauen ihrer Schüler
nur gewinnen und erhalten,
wenn sie zu einem Dialog bereits sind,
aus dem sie selbst etwas lernen.*
Georg Picht

Der Lernende wird in solchen Bildungsprozessen nach *Paulo Freire* zum „Schüler-Lehrer", denn sie sind Fachleute ihrer Lebenssituation und des Alltagshandelns.
Ihr Tun ist eher an Wörtern orientiert wie:
Aneignung
was soviel bedeuten könnte wie zueigenmachen, internalisieren, Teile von einem selbst werden in einem natürlichen Aneignungsprozess,
Erfahrung
d. h. fahren, erkunden, ein neues unbekanntes Land mit Fremdartigem neu-gierig bereisen,
Er-lebnis
hat zum Maßstab jene Prozesse, in denen das Leben sich verdeutlicht, entfaltet und zum Tragen kommt, in aller Vielfalt: von Geburtsschmerz und Geburtsfreude bis zu Grenzerfahrungen der Todesnähe und der Schwellenerlebnisse.
Weitere „Tun-Wörter" können sein:
> erkunden > entdecken > erschließen > sich auseinandersetzen > sich in Bewegung bringen > sich formen > aufzeigen > aufweisen > bewältigen ...
Prinzipien und Anhaltspunkte für ein bürgerschaftliches Lernen sollte auch für den Lehr-Lernprozess und für die Hospizarbeit sein, wie sie die Pfarrerin *Roswitha Kottnik* vom Diakonischen Werk der EKD, Hospizarbeit in Stuttgart, auf der 9. Fachtagung des Landes Hessen formuliert hat:

- Berücksichtigung der klassischen Prinzipien des

selbstorganisierten Lernens: Ziele/Themen/ Methoden werden von den Teilnehmenden soweit wie möglich selbstbestimmt; nur das äußere Setting wird vorgegeben
- Selbstverantwortung der Teilnehmer für das, was gelernt werden soll
- Offenheit für Fehler
- Generationsunterschiede (Sichtweisen, Haltung, Erfahrungen) und Gemeinsamkeiten (z. B. Erfahrungen aus der Hospizarbeit) zur Sprache bringen
- Lernaufgabe: Flexibilität und Kontinuität
- Aufspüren gesellschaftlicher Wandlungsprozesse: Wer hat welchen Prozess in seinem Leben wie wahrgenommen?
- Ansetzen der eigenen Biografie. Persönlichkeitsentwicklung: „Man ist in dieser Arbeit ständig dabei, sich selbst neu oder anders kennenzulernen."
- „Auseinandersetzen" und „Zusammensetzen": Beides muss zusammengeführt werden, zuzusammengesetzten Sichtweisen
- an persönliche Fragen ansetzen und eigene Antworten finden aus der Gruppe heraus und nicht durch den externen Experten

Solche Bildungsarrangements lassen die wertvollen Erfahrungen gemeinsamen Lernens an lebenswichtigen Themen, lassen die Einmaligkeit des Menschen und seiner Sichtweisen und die Einmaligkeit und Besonderheit seines Lebens erfahrbar werden.

Der Lehrer wird sodann zum „Lehrer-Schüler", der aus dem Alltaghandeln der „Schüler" lernt. Der Lehrer / Seminarleiter ist nicht der Besserwisser, der weiß, wie Sterben geht und es den anderen beibringt. Er wird zum Lernhelfer, zum Impulsgeber für Fragen und Suchbewegungen, für die Überprüfung von Deutungsmustern. Er / Sie ist kompetent und ausgebildet in der Gestaltung eines ganzheitlichen Lernprozesses, in dem Kopf, Herz (Bauch) und Hand (Körper) angesprochen und bewegt werden. Dies ist erforderlich, da auch in der Hospizarbeit ganzheitliche Konzepte von Körper (Pflege), Seele und Geist zu berücksichtigen sind. Die Freiheit, den Weg zum Sinn und sich selbst zu finden, eigene Weltbilder zu überprüfen und die Form des Lebens zu schließen, gilt auch für die Sterbebegleitung und sollte auch Maßstab für die Bildungsarbeit und nicht im Widerspruch zu ihr stehen.

Jedenfalls ist sicher, dass von diesem Lernhelfer viel zu tun ist. Damit kommen immer Macht- und Herrschaftsfragen ins Spiel. Macht hat aber auch zu tun mit mächtig-sein, etwas zu können, imstande-sein. Autorität kann verliehen werden aufgrund von Vorbild, Wissen, legitimiert, zeitlich begrenzt und „vertraglich" vereinbart. Macht und Autorität kann potenziell auch allen Teilnehmern in der Lerngruppe verliehen werden. Der Lernhelfer darf auf die Kompetenzen der Teilnehmer vertrauen und sie darin bestärken, indem er hilft, dass diese zum Tragen kommen: Teilnehmer können sich selbst-bemächtigen, mit entscheiden, über sich selbst bestimmen, Nein-sagen.

Auch Lernhelfer tun gut daran, Omnipotenz und Mächtigkeit durch eigene Neins zu beschränken, durch eine **Neinliste** gegen das Alles und Immer: Alle zufrieden stellen, alle Probleme bearbeiten, von allen geliebt zu werden, jederzeit gesprächsbereit zu sein, immer freundlich und liebevoll, alles entscheiden und anleiern zu müssen, alle Fragen kompetent beantworten können usw. usw. Eine solche Liste ist keine Verweigerungshaltung, keine Anti-Pädagogik, denn es gibt noch genug zu tun.

Didaktische Herausforderungen und Zugewinne

Was den existenziellen Grund eines Menschen berührt,
muss belasten, muss schwierig bleiben
und doch kann es befriedigender sein,
als das Gelingen einer komplizierten Operation.

Martin Weber

Herausforderungen

Sterben, Tod und Trauer sind aus verschiedenen und polaren Gründen in der Bildungsarbeit schwer zu bearbeitende Themen und eine echte Herausforderung. Einerseits werden nicht nur in der Gesellschaft, sondern nachweisbar auch und gerade auch in der Medizin und Pflege diese Themen verdrängt und weggeschoben. Sie hängt zusammen mit den Gefühlen der Ohnmacht und des Scheiterns. Abgewehrte und verdrängte Themen heran- und hereinzuholen in den Lehrprozess, erfordert didaktisches Geschick und Fingerspitzengefühl.

Andererseits bringt jeder Mensch ein großes Maß an Verlusterfahrungen mit. Die Reflexion dieser Erfahrung und das erneute Zulassen der damit verbundenen Gefühle ist heilsam und unabdingbar für eine sinnvolle und wirksame Arbeit mit Menschen, die solche Abschiede und Verluste gerade erleben oder erlebt haben. Die damit aufgewühlten tieferen Schichten, die Ängste und Schuldfragen, die erneut aufbrechenden und zu versorgenden Wunden, die Tränen, die fließen, stellen die Lehrenden vor eine schwierige Aufgabe, die es zu lösen und zu gestalten gilt. Auch die eigenen Ängste, Standpunkte werden herausgefordert und angefragt. Nur in einem geschützten, von Vertrauen getragenen Rahmen wird es beiderseitig möglich sein, die persönlichen Erfahrungen zu besprechen, sich unter Leidensgenossen auszutauschen, hineinzuhören, um die aus den Erfahrungen anderer zusammengetragenen Erkenntnisse zu systematisieren. In solchen Prozessen ist der ganze Mensch von Kopf bis Fuß beteiligt. Wie dies ganz praktisch gehen soll, ist noch zu wenig ausformuliert. Bis heute gibt es keine Didaktik der Thanatologie und keinen Pool für didaktische Materialien.

Zugewinne: Das haben wir davon …

Wer danach strebt, seine Nächsten und ihre Probleme zu verstehen, dem offenbart das Leben immer mehr von seinem Reichtum, von seinen Wundern. Aus den Schwierigkeiten des Lebens, aus unseren eigenen Nöten und Schwächen erwächst eine neues Verstehen des Lebens, all dessen, was das Wort Leben umschließt und bedeuten kann; eine neues Verstehen der Rechte und Möglichkeiten, die unser sind.

Alice Salomon

Für fast alle Aufgaben des Lebens haben wir Qualifikationen und Abschlüsse. Für die todsicherste Lebenssituation sind wir größtenteils unvorbereitet. Gelingen die soeben beschriebenen Lernprozesse, haben wir viel über unser Leben gelernt: An den Tod nicht nur zu denken, sondern sich auch mit ihm auseinanderzusetzen, so z. B. mit den schwierigen Frage: „Wie ich sterben will?", bedeutet unter anderem doch:

- unser Leben endlich zu gestalten, durchaus im doppelten Wortsinn
- das Leben als wertvolle Zeit zu betrachten
- das Schicksal, den Schmerz und die Trauer in Zuneigung und Liebe verwandeln
- Sterbende nicht mehr meiden, sondern aufsuchen
- mitzuarbeiten an der Enttabuisierung des Sterbens
- mitzuarbeiten an einer neuen Sterbe- und Trauerkultur, auch gerade im Krankenhaus und Altenheim
- Reflexion des eigenen Lebens (Biografiearbeit / Erntedank) mit der Perspektive, die Zukunft besser gestalten zu können
- abgesicherte Qualität des beruflichen Handelns bis zum Ende des Lebens der Patienten
- gelingendere Begehungs- und Beziehungsgestaltung
- mehr Zufriedenheit in Beruf oder Ehrenamt
- für das eigene Sterben gelernt zu haben, usw.

Unterschiedliche Ausgangslagen und Aufgaben in der Hospizarbeit

Netzwerke

Eine ganzheitliche Versorgung und Begleitung Sterbender und die Implantierung der Idee der Hospizbewegung im Bewusstsein der Öffentlichkeit und in pädagogischen Berufen erfordert ein Zusammenwirken aller helfenden Berufe und Disziplinen. Zu fragen ist, ob die Ganzheitlichkeit in Aufgabenbereiche zugeordnet und zerschnitten werden soll oder ob durch gemeinsames Lernen und gemeinsame Begegnung sowie Fortbildung bei Vorträgen, Tagungen und am runden Tisch das gegenseitige Kennenlernen und Wahrnehmen der jeweiligen Kompetenz in seinen Stärken und Schwächen nicht fruchtbarer wäre. Gruppe von italienisch „cupo" = Knoten, um Menschen in Netzwerken auffangen zu können. In den Fachbereichen und Ausbildungsstätten wird insofern ein Umdenken erforderlich sein, um die sensiblen Themen adäquat angehen zu können.

Vorstellungsrunde – sechs hospizliche Porträts

Der Arzt

Ich bin 35 Jahre, Anästhesist und Palliativmediziner, ich werde häufig mit Sterben und Tod konfrontiert, vor allen Dingen mit Krebspatienten. Im Studium kam für mich eine Immunisierung, schon bei der Sezierung von Leichen musste ich mir das Mitleid weitgehend abgewöhnen. Ein

Veranstaltungsangebot in Thanatologie habe ich damals leider nicht besucht. Viele Kollegen verdrängen die Themen Sterben und Tod, weil sie sich dem Leben verschrieben haben. Ich wurde von der Hospizbewegung angesprochen und gebeten, als Fachmann für die Schmerztherapie zur Verfügung zu stehen. Prof. Klassik sagte in einem Vortrag, 96 % aller Schmerzen seien kontrollierbar. Meine niedergelassenen ärztlichen Kollegen behaupten, den Schmerz im Griff zu haben, oft kennen sie nur das Schmerzpflaster, aber mit der Schmerzpumpe wird es schon schwieriger. Im Krankenhaus haben wir zurzeit Seminare zur Qualitätssicherung. Mit Hospizarbeiter/-innen überlegen wir gemeinsam, wie Sterben und Trauer in der Klinik seinen Platz finden kann und ein würdiger Umgang mit der Leiche ermöglicht werden kann. Ich bin bereit, in der Hospizarbeit mitzuarbeiten und mich an Fortbildungen meiner ärztlichen Kollegen zu beteiligen.

Der Sozialarbeiter / Sozialpädagoge

Nach meinem Abitur war ich bei der Bundeswehr im Sanitätsdienst. Danach entschloss ich mich Krankenpfleger zu werden und traf auf viele Kollegen, die gute Erfahrungen im Zivildienst gemacht haben. Über Krankheit haben wir viel gesprochen, aber wenig über Sterben und Tod. Der stressige Tagesablauf im Krankenhaus lässt durch wenig Personal wenig Zeit, sich um Sterbende zu kümmern. Viele meiner Kolleginnen und Kollegen machten einen großen Bogen um jene Zimmer, in denen Sterbende lagen. So entschloss ich mich zu einem Studium der Sozialpädagogik. Um mein Studium zu finanzieren, arbeitete ich in einem ambulanten Pflegedienst. Nach den gesetzlichen Vorschriften wurden die Patienten meist in knapper Zeit versorgt, eine Beziehung aufzunehmen wird nicht honoriert und dafür bleibt auch keine Zeit. Gespräche sind im Leistungskatalog nicht vorgesehen. Im Studium war ich froh, einige Seminare zur Krisenintervention und Sterbebegleitung besucht zu haben. Ich hörte, dass durch Ergänzung des § 39a SGB V ermöglicht wird, als Sozialpädagoge hauptamtlich in der Hospizarbeit beschäftigt zu werden. Ich werde mich vermehrt um Fortbildung und Palliative Care oder um eine Zusatzausbildung in Pflegewissenschaft bemühen und eine solche Tätigkeit anstreben, da ich mir die Arbeit im Team mit Ehrenamtlichen und als ihr Begleiter und Koordinator der Hilfeleistung gut vorstellen kann.

Die Krankenschwester in der Altenpflege

Ich bin in einer modernen Schule ausgebildet. Wir haben über Sterben, Tod und Trauer ausführlich in Blockseminaren gearbeitet und auch eigene Erfahrungen reflektiert. Geschockt war ich dann, wie in dem Altenheim gearbeitet wird und vielleicht auch gearbeitet werden muss. Trauerarbeit im Akkord. In einem Jahr sind 60 % aller Bewohner verstorben. Die meisten sind Pflegestufe III, die Cafeteria steht fast leer. Es ist für uns schwer, Geburtstage und Sterben Zimmer an Zimmer zu erleben und zu gestalten. Wir bräuchten dringend eine Aufarbeitung solcher Erfahrungen, vielleicht durch Supervision und Zusammenarbeit mit den Hospizgruppen. Wir bräuchten ein Konzept, um noch besser mit Sterbenden, Tod und Trauer umgehen zu können.

Die Sterbebegleiter/in

Ich bin ehrenamtliche Hospizhelferin in einer Hospizgruppe, ich kam dazu, nachdem ich ein Jahr meinen Mann gepflegt hatte. In den letzten Monaten erfuhr ich große Hilfe durch die Hospizgruppe. Information über Patientenverfügung und Schmerztherapie wurden angeboten und geleistet, aber auch Gespräche über das vergangene Leben, den Tod und die Zeit danach. Auch ganz konkrete Hilfen wurden sehr wertvoll. Nach meiner Trauerarbeit habe ich mich entschlossen ehrenamtlich in die Sterbebegleitung zu gehen. Wir haben vierstufige Qualifizierungsseminare und ein Praktikum absolviert. Eine Mischung aus Selbstreflexion meiner Verluste, aber auch über das Sterben und den Tod heute und viele fachliche Informationen und Möglichkeiten der Hospizarbeit. Begleitet wird das ehrenamtliche Team von Hospizschwestern und einer Sozialarbeiterin und einem beratenden Arzt. Wir sind vernetzt mit vielen sozialen Einrichtungen der Stadt. Wir haben alle vier Wochen Praxisberatung durch eine ausgebildete Fachfrau von außen. Ich sehe darin eine sinnvolle Tätigkeit und lerne viel über mein Leben und ein gutes Sterben. Ich entwickle konkrete Vorstellungen über meinen Tod und das Leben und die Zeit danach.

Der Krankenhausseelsorger

Ich bin evangelischer Pfarrer und mit der Aufgabe betraut, im Krankenhaus Kranke und Sterbende zu besuchen. Die Begegnung mit so viel Leid kann ich nur aus meinem Glauben ertragen und erhoffe den Sterbenden auch Trost und Hoffnung zu vermitteln. Vorbereitet wurde ich in eigenen Kursen. Ich bin auch mit der Hospizarbeit verbunden. Ein wichtiges Anliegen ist mir, allen Menschen in christlicher Nächstenliebe zu begegnen, gleich welcher Religion, Weltanschauung oder Kultur. Wünschen würde ich mir, dass im theologischen Studium nicht nur die Jenseitsvorstellungen unserer Religion, sondern auch die anderer Religionen und Kulturen und der Umgang damit ausreichend vermittelt werden. Ich bemühe mich, durch hilfreiche Rituale und der heutigen Zeit angepasste Gebete eine Gestaltung der Sterbesituation und der Trauer zu ermöglichen.

Ausgangsvoraussetzungen der Berufe und Nachholbedarf

In der medizinischen Ausbildung der **Ärzte**, aber auch in der **Pflegeausbildung** hat die Sterbebegleitung noch lange nicht den Stellenwert, der ihr gebührt. An den Fachbüchern wird dies deutlich: In den Handbücher zur ärztlichen Prüfung sind gerade wenige Zeilen zur Thanatologie formuliert, in den Pflege-Handbüchern sind es unter 2 %

der Seitenzahl (z. B. von 1.625 nur 23 Seiten, und das ist ein positives Beispiel). Zudem gibt es vom Beruf her einige Kommunikations-probleme: Die Hierarchie gibt dem Arzt Mächtigkeit, er hat das Sagen, das Wort und gibt die Anweisungen. Die Pflegekraft hat diesen Anweisungen zu folgen. Mit dem Patienten ist nicht viel über Anwendungen zu diskutieren. Vielleicht ist dies und anderes der Grund, warum die Kommunikationsfähigkeit oft ungenügend ausgebildet ist. – Nachholbedarf!

Die **Sozialarbeiter und Sozialpädagogen** sind in der Gesprächsführung geschult. Was ihnen fehlt, ist die Einsicht in den Pflegebereich und die Hospizarbeit. Dieses Arbeitsfeld haben die Hochschulen in der Grundausbildung verschlafen. – Nachholbedarf!
Inzwischen sind in der Sektion Sozialarbeit der "Deutschen Gesellschaft für Palliativmedlzin" Profile und Stellenbeschreibungen erarbeitet worden.

Die **Theologen** können ob ihrer Weihe fast alles. Was sie wirklich können ist predigen, Trost und Hoffnung spenden und in Krisen beistehen. Sich von falscher Missionierung und religiösen Zuschreibungen loszumachen und ganz frei sich den Menschen zuzuwenden, Nachholbedarf?!
In beruflich gemischten Fortbildungsgruppen könnten sich die Fähigkeiten ergänzen und ein intensiver Ausgleich und ein Voneinanderlernen stattfinden.

Befähigung, Lernziele, Skills

Eine Kraft, die schläft, wecken,
einem Schrei, der unterdrückt wurde, zum Ausdruck verhelfen.
Ein Organ, das verkümmert, zur Entfaltung bringen.
Eine Gewöhnung, die unnötigerweise beengt, abbauen.
Stein und Mauer nicht wegdiskutieren,
aber vorsichtig einen Stein lockern, wer weiß?
Schmerz und Trauer nicht dämpfen,
aber neue Zugänge suchen, immer wieder.
Harte und böse Worte nicht abschwächen,
aber ein leises und brüderliches dazu sagen.
Fühlen, wie es ist, wenn ich Du sage. –
Vielleicht löst sich ein Stein, tut jemand einen Schritt,
nach langem, vielleicht beginnt ein Lernen.
Bruno Dörig

In diesem Beitrag kann es, alleine aus Platzgründen, nicht möglich sein, verschiedene und spezifische Curricula (Durchgang durch den Lehr-Lernprozess mit Lernzielen, Inhaltslisten, Methoden und Medien) für verschiedene Zielgruppen und Verwendungssituation darzustellen. Drei wichtige Fähigkeitsbereiche seien dennoch aufgeführt.

Verfahrensweisen zur Konzeptentwicklung
Verantwortliche können durch folgende fünf
Vorgehensweisen ihre didaktischen Konzepte ausarbeiten:
1. Durch Ableitung von Lernzielen von den allgemeinen Normen (z. B. aus der Kommunikationsfähigkeit des Menschen) oder aus den ethischen Prinzipien, z. B.: Was ist die Würde des Menschen (=deduktiver Ansatz).

2. Durch Beobachtung von Menschen in der Verwendungssituation, die möglichst optimal die angestrebten Lernziele, z. B. eine qualitative Hospiz-arbeit, schon verwirklichen (= induktiver Ansatz).

3. Durch die Befragung von Wissenschaftlern und Fachleuten des jeweiligen Gebietes, was es zu den Themen (z. B. Recht) Wichtiges zu lernen gibt.

4. Durch Sammlung von veröffentlichen Curricula (siehe auch 7.14.1.3) und deren Durchsicht, ob davon für das eigene Seminar etwas zu ergänzen ist. Auch an die Nutzung von eingerichteten didaktischen Pools ist zu denken (= analytischer Ansatz).

5. Nützlich ist auch die Auswertung und ständige Reflexion, die Evaluation und die Qualitätssicherung mit den Teilnehmern der Bildungsveranstaltung (=eduktiver Ansatz).

Fachlichkeit und Handlungsfähigkeit (Fachkompetenz)

In der fachlichen Grundausbildung der oben genannten Berufe und der Qualifizierung für Ehrenamtliche gibt es Wissensbestände, die zusammengetragen, ergänzt, verstanden, gewusst und geübt werden sollten. Klarheit sollte zum Beispiel herrschen über hospizliche **Strukturbegriffe**, wie Palliativ Care, Magensonde, Patientenverfügung, Betreuungsverfügung und Vorsorgevollmacht, Zustimmungs- und Widerspruchs-lösungen bei der Diskussion um die Organentnahme, gesetzliche Regelungen zur aktiven Sterbehilfe, aber auch über den Sozialdarwinismus, den Utilitarismus, Nahetod-Erfahrungen und anderes mehr.

Beziehungsaufnahme, Beziehungsgestaltung und Kommunikation (Sozialkompetenz)

*Wenn der Mensch den anderen Menschen braucht,
um Identität zu gewinnen,
wenn die Koexistenz mit der Welt
und den Mitmenschen
die Grundverfasstheit unseres Wesens ist,
so können Störungen und Defizite ihre Wurzeln nur
im Bereich des Bezogenseins haben und
Heilung und Wachstum
sich nur im Miteinander realisieren.*
Hilarion G. Petzold

Es gleicht an ein Wunder, dass in dieser sehr persönlichen und intimen, schambehafteten Situation des Sterbens fremde Menschen zugelassen werden, um den letzten Weg gemeinsam zu gehen. Dies ist eine Begegnung in einer außergewöhnlichen Situation. Soll diese gemeistert, also fruchtbar und nicht furchtbar werden, muss sie von Achtung, Achtsamkeit, Vertrauen, ja Liebe zu den Menschen, zu diesem Menschen getragen sein. Doch wie dies alles aufbauen? Die erste Begegnung ist ein Aufeinandertreffen mit einem „Gegner", der einem entgegenkommt, unausweichlich, wie auf einem schmalen Berggrad. Begegnung hat durchaus etwas mit gegen und Gegner zu tun, mit jemandem, der mir als Persönlichkeit entgegentritt, der einen Standpunkt hat, der mir etwas zu sagen hat, der mich herausfordert und damit fördert. Nichts also mit Freude, Friede, Eierkuchen. Was sagen? Wie sich verhalten? Gleich wird eine Schlüsselqualifikation, nämlich eine Balance von Nähe und Distanz zu regulieren, herausgefordert. Nähe zu erzwingen (aufs Bett setzen und die Hand halten) ist eine halbe Vergewaltigung. Andere haben nach Wochen noch keinen wirklichen Kontakt gefunden ...

Partner sind, so könnt' man nämlich meinen,
nun ähnlich mal den Stachelschweinen.
Wenn diese sich umfächeln,
spüren sie nur allzu sehr die Stacheln,
wird die Distanz jedoch zu weit,
verkümmern sie in Einsamkeit.
So gilt es, sich vereint zu spüren
und doch Distanz zu regulieren.

Nina Herrmann berichtet aus ihrer Arbeit als Klinikseelsorgerin in den USA in ihrem Buch: „Mit Trauernden reden" von zwei Kollegen. Der Priester „hält im Vorübergehen eine Minute bei einem Menschen an, und der hat hinterher das Gefühl, er hätte gut und gern fünf Minuten mit ihm gesprochen. Ein Pfarrer redet fünf Minuten mit einem Kranken und hinterlässt das Gefühl, mal eben eine flüchtige Minute vorbeigekommen zu sein. Der Priester bleibt stehen, stellt sich bequem hin oder setzt sich, nimmt eine Hand, hält Blickkontakt und gibt dem Kranken das Gefühl, seine ungeteilte Aufmerksamkeit zu bekommen. Der Pfarrer kann nicht stillstehen, setzt sich nicht hin, kann nicht entspannen, fasst niemand an, guckt in der Gegend umher und vermittelt den Eindruck, schrecklich beschäftigt zu sein, und schon damit einen Gefallen getan zu haben, dass er mal eben vorbeigekommen ist."

Wahres Hinhören ist echte Teilnahme an dem, was der andere sagt, was sie (die Freundin) vielleicht nur andeutet, und darauf, was sie nicht anspricht. Das ist Arbeit, harte Arbeit sogar, die einem manchmal alle Kraft kostet

Drei Arten von Beziehungsebenen:

Hilarion G. Petzold unterscheidet nach Gabriel Marcels Intersubjektivitätstheorie

6. Die ‚Objekt' oder ‚Haben-Beziehung', die sich einer Situation, einer Person, Sache oder Lebenssituation bemächtigt und diese dann zu ihrem Objekt (zu ihrer Hilfe), zu ihrem Falle macht.

7. Die sachlichfunktionale ‚Macher-Beziehung', die sich beschränkt auf funktionelle Abläufe, Sach- und Zweckmäßigkeiten, Fallbearbeitung, wie in einem Dienstleistungsverhältnis, das vom Klienten bezahlt oder vom Staat bereit gestellt wird, sich als Hilfe daher nicht einmal verkaufen muss und sich einen Dienst nach Vorschrift oder ein Rumpelstilzchen- Verhalten leisten kann.

8. Die intersubjektive ‚SeinBeziehung' mit fundamentaler Gleichheit in der Begegnung, mit persönlichem Interesse an anderen Menschen in seiner Ganzheit, innerem Beteiligtsein und der beidseitigen Bereitschaft, sich zu öffnen.

Von *Martin Buber* ist 1923 ein kleiner Band mit dem Titel „Ich und Du" erschienen, in dem er an jüdische Frömmigkeit und an den Satz von *Friedrich Heinrich Jacobi* (1743 – 1819) anknüpft: „Ohne Du ist das Ich unmöglich". *Martin Buber* geht davon aus, dass Leben sich nur in der Gemeinschaft entfalten kann. „Alles wirkliche Leben ist Begegnung." Im Ich-Du-Verhältnis wird diese Begegnung erfahren und zwar im Sich-Erschließen. Es ist ein zweiseitiger Vorgang zwischen Ich und Du. Im Es-Verhältnis wird ein / eine oder ein anderes (das Es) dem eigenen Zweck unterworfen, es wird, besessen. Im begrenzten Ich, durch Dinge und Menschen, auf die es stößt, erfährt es die anderen, das Du und zugleich sich selbst und kommt damit zum Bewusstsein der anderen und seiner selbst.

Im *Symbolischen Interaktionismus* (eine soziologische Theorie) bildet sich Identität unter anderem durch Rollenübernahme (role taking) und Empathie (Einfühlungs-vermögen) als identitätsfördernde Eigenschaf-ten. Diese korrespondieren im „me" als dem „sein wie jeder andere" (soziale Identität) mit dem „I" als dem „sein wie kein anderer" (personale Identität). Das Selbst oder Ich wird am Du entwickelt. Die Einseitigkeit des Menschen in Form von Mann und Frau, jeweils mit eigenen Eigenschaften und Fehlern, aber auch mit der Tendenz zum Ganzen, zur guten Form, zur Homöostase, findet in der Begegnung ihre Ergänzung und den Ausgleich von Einseitigkeiten. Die Metamorphose beruht auf dem Prinzip der Polarität und

Steigerung. In der Suchbewegung, in der ergänzenden und polaren Begegnung wird Leiden in Licht und Wärme verwandelt.

Ist der Erstkontakt, die Begegnung mit dem Sterbenden und den Angehörigen gelungen, gilt es, eine dauerhafte, vertrauensvolle Beziehung aufzubauen und zu gestalten, die auch Erschütterungen und Krisenzeiten aushalten kann. Da ist vor allem kommunikative Kompetenz zu erüben.

Kommunikative Kompetenz

*Mir ist es lieber,
dass an meinem Sterbebett
jemand stammelt und stottert,
anstatt dass er mir klarmacht,
dass ich mich vielleicht gerade
in der falschen Phase
nach Kübler-Ross rumlümmele.*
Reimer Gronemeyer

Als wichtige Grundfähigkeit wird immer wieder das Zuhören genannt.

Die sieben Irrtümer des Zuhörens:

1. *Zuhören sei eine Sache der Intelligenz*
Es wurde festgestellt, dass sehr aktive Menschen aufgrund ihrer intensiven Zielstrebigkeit häufig die schlechteren Zuhörer sind.

2. Zuhören ist mit dem Hörvermögen verbunden
Nur bei erheblichem Verlust des Hörvermögens wird die Fähigkeit des Zuhörens stark beeinträchtigt.

3. Tägliches Zuhören ersetzt das Üben
Obwohl Zuhören für beinahe jeden Menschen normal ist, wird die durchschnittliche Zuhörleistung nur mit ca. 25 % beziffert. Dies kann auch durch vermehrtes Zuhören nicht wesentlich verbessert werden, wenn nicht gleichzeitig die dahinter stehenden Kommunikationsgewohnheiten reflektiert und geändert werden.

4. Da der Mensch in der Schule und Ausbildung bereits aufmerken, lesen und schreiben gelernt hat, wisse man auch, wie man richtig zuhört.
Diese Annahme führte dazu, dass die Fähigkeit zum effektiven Zuhören als erlernbare Fähigkeit vom Bildungssystem vernachlässigt wird.

5. Lesen zu lernen ist wichtiger als Zuhören zu lernen
Der Mensch nimmt beim Hören etwa dreimal mehr an Informationen auf als bei Schrift. Da der menschliche Hörapparat im Gegensatz zum Auge in der Lage ist, ohne Ermüdung ununterbrochen Signale aufzunehmen und weiterzuleiten, vertieft die pädagogische Betonung des geschriebenen Wortes den falschen Kanal.

6. *Gutes Zuhören ist eine Sache des Willens.*
Willenskraft ist für Einfühlungsvermögen und Verständnis nicht elementar erforderlich. Die willentliche Auseinandersetzung mit dem Gegenüber weist vielmehr einen starken Zusammenhang mit Freundlichkeit und innerer Zuwendung auf.

7. *Zuhören ist passiv und erfordert weder Geschick noch Anstrengung*
Das Gelingen einer guten Kommunikation hängt über der Hälfte vom Zuhörer ab. Es kommt darauf an, dass nicht nur die rein akustische Aufnahme der Botschaft verstanden, sondern vor allem das inhaltliche Erfassen der Botschaft. Daran wird deutlich, dass das Zuhören ein eben so aktiver Prozess ist wie das Sprechen.

Zum Entschlüsseln der Botschaft haben *Paul Watzlawik* (Axiome) und *Friedemann Schulz von Thun* (vier Ohren), *Elisabeth Kübler-Ross* (Verstehen, was Sterbende sagen wollen) und *Carola Otterstedt* (Der nonverbale Dialog / Der verbale Dialog) hilfreiche klare und lernbare Grundsätze aufgestellt, die es einzuüben gilt. Ein guter Dialog in der Bildungsarbeit zwischen den Teilnehmern und mit dem Seminarleiter ist Voraussetzung und Modell und darf nicht in Widerspruch zu diesen Kommunikationsansprüchen geraten.

Der Dialog als Form der Kommunikation ist an Mitteilungen gebunden. *Paul Watzlawick* hat in seinem 2. Axiom festgestellt, dass jede Kommunikation eine Sachebene und eine Beziehungsebene enthält. „Sprache und Schrift sind Instrumente, um Informationen zu transportieren und auch, um angemessene Gefühle zu erzeugen.

Mit vier Ohren hören:

Friedemann Schulz von Thun hat die Axiome von Watzlawick erweitert und verdeutlicht, dass neben der Sach und Beziehungsebene noch zwei weitere Aspekte in der Mitteilung verborgen sind, nämlich eine ‚Selbstkundgabe' („wenn wir etwas von uns geben, geben wir auch etwas von uns") und weiterhin der ‚Appell' als beabsichtigte Einflussnahme. Mit der Mitteilung will ich ja etwas bewegen. Diese vier Aspekte können unterschiedlich stark gewichtet sein. Einmal überwiegt mehr der sachliche Inhalt, ein anderes Mal der Aufforderungscharakter usw. Der Zuhörer ist somit aufgefordert, mit vier Ohren zu hören.

Um den partnerschaftlichen Austausch von Gedanken abzusichern, werden im LehrLernKonzept Kommunikationsregeln eingeführt, so im TZI die Hilfsregeln „Sprich per ich und nicht per man und wir", in der Familienkonferenz von *Thomas Gordon* in den sogenannten ‚IchBotschaften'. Mit IchBotschaften stehe ich zu meinem Wort, habe es zu verantworten und überlasse es dem Gegenüber, wie er es aufnimmt und weiterverarbeiten will. Im Gegensatz dazu stehen die Du-Botschaften. Sie signalisieren in der Regel eher Abwehr oder Angriff. In den Formen des „aktiven Zuhörens", im partnerzentrierten Gespräch (Schwäbisch /

Siems) oder in der Klientenzentrierten Gesprächsführung (*Carl Rogers*) wird der Gesprächspartner ernst genommen. Auf ihn wird eingegangen, sodass er sich ernstgenommen und angenommen fühlt.

Die Verwendung von Analogien und Bildern, von Symbolik in der partnerschaftlichen Begegnung und im Dialog sind insofern bedeutsam, weil sie den Dialogpartner nicht vereinnahmen und ihm fertige Meinungen an den Kopf schlagen. Metaphern und Aphorismen haben einen allgemeinen Charakter, sodass die Bilder vom Hörer oder Leser in seine Wirklichkeit übersetzt und gedeutet werden können.

Nicht zuletzt gehört zum partnerschaftlichen Dialog Demut. *Paulo Freire* vertritt diese Forderung fast radikal: „Dialog als Begegnung von Menschen, der gemeinsamen Aufgabe des Lernens und Handelns zugewandt, wird zerstört, wenn es den Teilnehmern oder einem von ihnen, an Demut fehlt. Wie kann ich mich im Dialog engagieren, wenn ich fortwährend andere zu Unwissenden stemple und meine eigene Unwissenheit nie gewahr werde? Wie kann ich mich im Dialog engagieren, wenn ich mich als Sonderfall gegenüber anderen betrachte, – die ein bloßes ‚Es' sind, in denen ich kein anderes ‚Ich' erkennen kann? ... Menschen, denen die Demut fehlt (oder sie verloren haben), können das Volk nicht erreichen, können seine Partner in der Benennung der Welt nicht sein."

Ohne Dialog gibt es keine Kommunikation, ohne Kommunikation kann es keine wahre Bildung geben ...
Sich mit dem Inhalt des Dialogs zu beschäftigen heißt aber eigentlich, sich mit dem Programminhalt des Bildungsvorgangs zu beschäftigen.
Paulo Freire

Der Dialog lebt vom Geben und Nehmen. Wenn man sich nichts mehr zu geben, nichts mehr zu sagen hat, wird es langweilig und die Beziehung ist bald am Ende. Dialog lebt also von einem Spannungsverhältnis, das das Gespräch spannend macht. Eine neue Behauptung, eine Frage, ein Beitrag, etwas Neues oder etwas Altes neu hinzugebracht, halten den Dialog im Fluss. Dialog bedeutet demnach Harmonie in der partnerschaftlichen Begegnung, aber nicht in den Standpunkten und Sichtweisen, weil liebevolles Streiten, Streitkultur entwickeln Interesse (lat. interesse = Dazwischensein) am anderen zeigt und nicht, weil ich ihn besiegen will.

Freilich darf das „Gefälle", die Spannung der Meinungsverschiedenheiten nicht zu groß werden, sonst hört die Freundschaft auf. Humane Formen der Kommunikation leuchten in der Mäeutik, der Hebammenkunst des *Sokrates* auf, der Weisheit nicht beibringen oder deponieren will, sondern durch Hineinfragen, durch liebevolles Widersprechen Erkenntnisse ans Licht der Welt bringen will. Auch *Bertolt Brecht* als „Didaktiker" hat diese Art des Lehrens und Begegnens interpretiert. In seiner Erzählung „Der verwundete Sokrates" berichtet er, dass *Sokrates* Freunden gut und leicht wohlgestaltete Gedanken entbinden konnte und sie so mit eigenen Kindern versorgte, anstatt, wie andere Lehrer, ihnen Bastarde aufzuhängen.

Haltungen und Standpunkte (Ich-Kompetenz)

Menschen in der Hospizarbeit sowie Menschen in der Arbeit mit Sterbenskranken und Trauernden arbeiten mit ihrer ganzen Persönlichkeit. Ihre Haltung, ihre Selbstreflexion und die Verhinderung von Übertragungen negativer Erfahrungen ins Feld erfordern einen Bildungs-prozess, der ermöglicht:

- Die Reflexion der eigenen Biografie (Biografiearbeit)
- die Reflexion der eigenen Verluste und Ängste
- die Einstellung zum Leiden und zum Sterben
- die Reflexion der Motive zum Beruf
- Einstellungen zum sterbenden Patienten
  - ein eigener Standpunkt zu den Fragen wie Organtransplantation (wann ist der Mensch tot?)
  - ein eigener Standpunkt zu Fragen nach dem Danach (Transzendenz)
  - ein eigener Standpunkt zum Sterben (aktiv verkürzt, natürlich palliativ, aktiv verlängert)
  - Reflexion der Motive zum Ehrenamt (bürgerschaftliches Engagement)
  - Wissen um meine Kraftquellen, um das alles auszuhalten zu können (Seelenhygiene)

Didaktische Konkretisierungen

Ich habe keine Lehre. Ich zeige nur Wirklichkeit.
Ich zeige etwas an der Wirklichkeit, was nicht oder zu wenig gesehen worden ist.
Ich nehme ihn, der mir zuhört, an der Hand und führe ihn zum Fenster. Ich stoße das Fenster auf und zeige hinaus.
Ich habe keine Lehre, aber ich führe ein Gespräch.

Martin Buber

Wie kann das alles in der Bildungsarbeit konkret geschehen ob der Schwierigkeiten, der Herausforderungen, um diesem hohen Anspruch zugenügen?
Aus meiner 40-jährigen Bildungsarbeit, aus über zehn Jahren Befähigung für die Hospizarbeit möchte ich nun umsetzbare Anregungen formulieren.

Raumgestaltung / Vorarbeit

Wenn die ersten Teilnehmer den Seminarraum betreten, sollten sie den Eindruck haben: Hier wird auf uns gewartet, die sind vorbereitet, haben für uns schon gearbeitet und wir sind willkommen. Bruno Bettelheim hat im Konzentrationslager die Erfahrung gemacht, dass das Milieu den Menschen zerstören kann. Daraus hat er gelernt und eine Milieupädagogik entwickelt, in der Erkenntnis, dass die Umwelt entscheidend beeinflusst und pädagogisch zu gestalten ist. Was sich in der äußeren Gestalt, z. B. im Seminarraum offenbart, hat Wirkung auf die innere geistige Arbeit. Neben der Anordnung der Stühle, der Gestaltung der „Mitte" und dem dadurch entstehenden Leerraum, in dem Begegnungen geistiger und tatsächlicher Art stattfinden, ist auch die Atmosphäre durch das Licht, durch Musik u. ä. gut zu bedenken.

Es tut gut, in eine **Bildungsstätte**, in Räume zu kommen, die unter pädagogischen Gesichtspunkten gestaltet sind. Gestaltungselemente sind: Die Begrüßung im Haus, die Informationsgestaltung, nicht blendendes Licht, gute Stühle, angenehme Farbgebung, Mitbestimmung bei der Auswahl der Nahrung, gute Matratzen usw., was alles auch in neuen und teuren Bildungsstätten nicht selbst-verständlich ist!

Aus der sich eingefundenen Zahl von Menschen (soziales Gebilde) soll nun unter pädagogischer Anleitung eine Sozialgestalt plastiziert werden. Ich verwende ausdrücklich den Begriff aus der Kunst, weil es darum geht, in einem künstlerischen Prozess ein Beziehungsgewebe zu entwickeln. Die eigenen Namen, die Form der Begegnung, das Kennenlernen mit methodisch gestalteten Hilfen soll bald und intensiv erfolgen, um kurzfristig zu gemeinsamer inhaltlicher Arbeit zu gelangen. Die Leistungsfähigkeit ist wesentlich von der affektiven und emotionalen Atmosphäre bestimmt, besonders in Lehr-Lernprozessen, in denen es um existenzielle, hautnahe und sehr persönliche Anteile geht. Die einzelnen Menschen und der Lehrer sollen sich in ihrer Person, in ihren Problemen und Kompetenzen zeigen können (presentation of self; Bildgestaltung der Probleme). So entstehen bald gewachsene Nähe und Vertrauen, Nähe als Zuwendung, ohne sich im anderen zu verlieren, aber auch Rollendistanz von unausgesprochenen, falschen oder unangemessenen Erwartungen. Solche wären Zuschreibungen an den Leiter als Alleinverantwortlichen, als Rezeptverteiler, als Therapeuten und so weiter. Die Menschen sollen bald die Aufgaben gemeinsamer Verantwortung für ihren Lernprozess ins Bewusstsein bekommen und als Teilhaber in die Verantwortung gebracht werden. Dies wäre in einem mündlichen Lehr-Lernvertrag zu konkretisieren.

Zu gestaltende Ablaufphasen einer Bildungsveranstaltung

Die Anfangsphase mit vier Aufgaben
Zu Beginn der gemeinsamen Seminararbeit sind zu leisten:
1. Die Annäherung an die *Gruppe*: Namen, was mir dazu einfällt, woher ich komme, was mich hierher bringt? Was oder wen bringe ich mit? Die Annäherung kann auch evtl. durch geeignete erste gemeinsame Übungen stattfinden.
2. Die Annäherung an den *Seminarleiter*, die *Seminarleiterin* (zur Person, seiner Rolle, wie sie / er sich sieht und wie sie sich nicht sehen lassen will, die Beiträge und die Erfahrungen, die zum Thema eingebracht werden können).
3. Die Annäherung / Anwärmung an das *Thema* (einen lebendigen Zugang zum Thema schaffen als ersten generellen Einstieg: eine Geschichte, ein Aphorismus, ein Fallbeispiel, ein Musikstück, also einen „Aufhänger", der einen lebendigen Zugang ermöglicht).

4. Der *Lehr-Lernvertrag*. Hier werden Vereinbarungen getroffen für die gemeinsame Arbeit (Seminareinheiten und Zeiten und Pausen, Vertraulichkeit, Selbstständigkeit der Teilnehmer (chairman of myself / chairman of the group), Absprachen für besondere Situationen, z. B. kein falscher Trost beim Weinen usw.). Dazu gehören evtl. auch Informationen über das Seminarhaus, über die Möglichkeiten des Telefonierens usw.

Jede einzelne **Arbeitseinheit** von ca. 90 Minuten (dies ist lange genug, um einen Prozess zu gestalten, aber nicht zu lange, weil danach die Aufmerksamkeit schnell nachlässt) hat einen gestalteten Anfang und einen gestalteten Abschluss. Musikstücke oder Einleitungen u. Ä. zu Beginn und zum Schließen der Form.

Zwischen den intensiven Arbeiten am Leben finden zum Ausgleich, gleichsam als Gegenbewegung, methodische Zwischenphasen zum Lachen und zur Bewegung statt (lustige Spiele, ein Tanz u. Ä.).

Regelmäßig sollte mit der Gruppe nach größeren Einheiten Bilanz gezogen werden (Blitzlicht oder Methode der „Motorinspektion", Kurzfragebögen, Bewertung mit Klebepunkten usw.

Je nach Thema und Atmosphäre im Seminar sind diese Methoden zu gestalten.

Die Schlussphase
Die Phase nach Beendigung der inhaltlichen Arbeit, hat ebenfalls vier Teile:
1. Die *Rückschau*: Welche Schritte sind wir gegangen. Ich mache dies zeitlich jeweils rückwärts, also entgegen des zeitlichen Ablaufes, um eine größere Aufmerksamkeit bei der Rückerinnerung zu erzielen.
2. Die *Ernte*: Was habe ich gelernt, meine 3 wichtigsten Lernerfahrungen o. Ä.
3. *Back home*: Was mache ich mit den hier gewonnenen Erkenntnissen und Erfahrungen im Alltag / Beruf. Welchen einen Vorsatz nehme ich mit, um ihn möglichst schnell in meiner Alltagspraxis umzusetzen.
4. *Abschiedsritual*: Dies ist je nach Geschmack und Individualität des Seminarleiters und der Gruppe zu gestalten, z. B. sich mit einem Augen-Blick verabschieden oder andere Methoden, die in der Literatur zu Schlussritualen zu finden sind oder die selbst zusammenzustellen sind.

Polaritäten

Thematisch lebt die Lebendigkeit des Seminars von Polaritäten, die in der Ablaufgestaltung zu berücksichtigen sind. Sie sind wie:
- Einatmen und Ausatmen
- Nähe und Distanz zum Thema und zu den Teilnehmern
- Information und Selbstreflexion

- Lachen und Betroffenheit (siehe Kap. 4.13)
- Sitzen und Bewegen
- Plenararbeit und Partnergespräche
- Geheimnis und Offenheit
- Direktheit und Verfremdung (durch Symbolik / Metaphern usw.)

Die Polarität von Erwärmung oder Abkühlung

*Lehren heißt nicht übermitteln,
es heißt, den fruchtbaren Moment vorbereiten,
heißt eine lebendige Bereitschaft wecken,
welche im Ringen mit dem Gegenstand
den Sinngehalt in sich aufzunehmen strebt.*

F. Copei

Auftauen (unfreezing) und **Anwärmen** (warming up) an die soziale Welt, an die Mitlernenden und an den Leiter (Wir), an die Sache (Es) und an die Umwelt (wo ist was wie eingerichtet?), ist eine wichtige Gestaltungsphase. Wird sie übersprungen, muss sie oft leidvoll und zeitaufwendig später nachgeholt werden. In dieser ersten Phase, in der „Kühle des Morgens" ist ein Abtasten, ein Kennenlernen und Auftauen zu ermöglichen und didaktisch zu gestalten. Damit sind keine Interventions- oder Interaktionsprogramme gemeint, die mit action und unehrlichen Ritualen Fremdheit überspielen; solche Methoden, wie auch ein zu schnelles ‚Du' bringen nur Strohfeuer, aber keine dauerhafte Wärme, in der Verkleidungen, Masken und Ballast abgelegt werden können. Wie im Wärmebad bringt ein langsames und stetiges, immer tieferes Eintauchen und

Anwärmen Körper und Seele auf eine angemessene Wärme. Doch das Bild wäre überzogen, wenn es darum ginge, sich gleich ganz auszuziehen, den ganzen Seelenhaushalt zu zeigen. Beim langsamen und individuell geschützten Ablegen der ‚Verkleidung' wird mehr und mehr Persönliches sichtbar. Menschen, die enttäuscht, schamlos ausgenutzt und sitzen gelassen wurden, brauchen mehr Zeit, Geduld und Schutz sowie die Erfahrung, sich in einer gewachsenen Wärme der Gruppe öffnen zu können. In Tibet gibt es eine Meditationsübung, bei der es darum geht, auf einem Eisblock sitzend, diesen mit innerer Wärme zum Schmelzen zu bringen.

Im Erwärmungsvorgang des Lernens geht es auch darum, sich für eine Sache, für einen Lehrgegenstand und -inhalt zu erwärmen, einen Griff, einen Ansatzpunkt zu finden. Die ansteckende Begeisterung des Leiters oder einiger Gruppenteilnehmer wird sich übertragen und an roten Wangen und an dem Eifer, an körperlicher Wärme sichtbar werden, und – Wärme bedeutet Leben!
Dies gelingt bei einigen Themen leichter. Andere Themen sind erst aus der Kühle, aus der Ferne herauszuholen. Betroffenheit ist zu erzeugen. Ich habe selbst in Schulklassen die „Halbwertzeit der Betroffenheit" und die Abwehr zum Thema AIDS festgestellt und es kostete Mühe und es verlangte methodische Ideen, um Betroffenheit erst zu erzeugen: Für die eigene Gefährdung, für die Situation von Infizierten und Kranken, Betroffenheit über den Umgang mit Sexualität und Moral sogenannter Rand-

gruppen und deren Andersartigkeit und für das Sterben und die Trauer. Erst danach, erst, als die Themen in die Nähe ihres Schulalltages und in ihr Leben gerückt worden war, konnte sie behandelt werden und wurden für die Schülerinnen und Schüler bedeutungsvoll und hautnah.

Aufzuwärmen gilt es auch die im Inneren verhärteten Injektionen, die eingelagerten, unverdauten Reste, belastenden Erinnerungen und Erfahrungen. Dies aber nur im begrenzten und vorsichtigen Maße und nur so weit, wie es in angeleiteten Gruppen, mit den darin möglichen Methoden und im Rahmen der Kompetenz der vorhandenen Leiter zu verantworten ist.

Doch oft ist auch **Abkühlung** erforderlich.
- Die Teilnehmer und Teilnehmerinnen haben sich in ein Thema hineingesteigert, sind aus Eifer heißgelaufen und drohen schnell auszubrennen. Kühlung tut Not ...
- Natürliche Reibungen in der Gruppe, unter den Teilnehmern und am Leiter erzeugen Wärme und sind positiv. Doch auch hier können Reibungen zu groß, die Hitze unerträglich und die Haut brennend werden. Kühlung tut Not ...
- Der Leiter oder die Teilnehmer haben sich unabsichtlich oder grob fahrlässig den Mund verbrannt. Kühlung tut Not ...
- Teilnehmer kommen in den Lernprozess und bringen ihre noch heißen Themen mit, die Wunden sind noch frisch, das Gleichgewicht ist noch nicht gefunden und

die Betroffenheit ist noch zu groß. Kühlung tut Not ...
- Kühlung bedeutet einmal, das Thema und die Situation auf Distanz zu bringen, zum Abkühlen liegen zu lassen (eine Pause lang, eine Nacht dazwischen). Vielleicht ist es auch angebracht, das eigene Thema zunächst etwas zu verstecken, sich für kurze Zeit aus dem Feuer zurückzuziehen (Rückzugsmöglichkeiten lassen) und das Maß des Mutes – trotz Mutmachens – selbst bestimmen zu lassen. Auch wäre es möglich, am bestmöglichen Zugang, am abgekühlten Rand beginnen zu lassen.

Symbolisierung und Verfremdung

bringen kühlende Distanz. Projektive und identifizierende Methoden sind bei der Distanzierung hilfreich. Sie bringen neue Sichtweisen und Bearbeitungsmöglichkeiten. *Protagoras* handhabte mit dem Mythos eine beliebte Technik der Aufklärung, durch Fabeln eine Erkenntnis zum Verständnis zu bringen. So fragte er, bevor er seinen Bericht beginnt, seine Zuhörer, ob er, wie es die Älteren wohl mit den Jüngeren zu tun pflegten, durch den Vortrag einer Erzählung seine Theorie erläutern solle oder durch eine förmliche Erörterung. Da man ihm die Wahl lässt, entscheidet er sich für die Erzählung, da ihm diese Methode anmutiger erscheine.

Alle mystischen Bestandteile seiner Erzählung sind nicht ihrer tatsächlichen Natur nach gemeint, sondern haben eindeutig symbolischen Charakter. Als Lehrerzählung fungiert der Mythos als didaktisches Mittel, dem Zuhörer auf angenehme Weise das Verständnis zu vermitteln und zu erleichtern.

Projektive Verfahren ermöglichen, sich indirekt auszusprechen (über Symbole, Collagen, über gemalte Bilder, über hergestellte Plastiken oder ausgewählte Postkarten, Rollenspiele), ermöglichen eine Neuinszenierung der Vergangenheit in geschützten Rollen. Solche Verfremdungen ermöglichen, den eigenen, oft mit dem Unbewusstem plastizierten Werken gegenübertreten zu können, erlauben ein selbstbestimmtes Maß an Interpretation und die fantasiereichen Deutungen der anderen, die man hören, prüfen, dann annehmen oder auch verwerfen kann.

„Werkzeug-Übung"
Die Ehrenvorsitzende der Bundesarbeitsgemeinschaft Hospiz *Gerda Graf*, formulierte auf den 1. Kinderhospiztagen 2005 drei ethische Kompetenzen:
1. Die Tugend des rechten Maßes,
2. die Tugend der Treue und
3. die Tugend der Hoffnung.

Doch wie solche Tugenden in den Lehr-Lernprozess der Qualifizierungsmaßnahmen einbringen? Wie diesen Tugenden in der Sterbebegleitung zur Geltung zu verhelfen und sie erfahrbar machen?

Die Übung

Die Teilnehmer bekommen die Aufgabe, zuhause oder in der Bildungsstätte ein Symbol zu suchen, das in und für die Sterbebegleitung Be-deutung haben könte (als Mitbringsel, als Gesprächsimpuls, als Zeichen der Zuwen-dung, als Geschenk, als Er-Innerung…). Ich gebe als Beispiel die „geschenkte Zeit", symbolisiert durch eine Uhr, wobei gleich die Differenzierungsmöglichkeit deutlich wird: Die analoge, die digitale Uhr und die Sanduhr.

Bei der Übung wird das Symbol in die Mitte des Stuhlkreises gelegt. Das Sichtbare wird benannt. Der Mitbringer schweigt erst einmal. Die Seminarteilnehmer deuten nun das Symbol aus ihrer Sicht und im Hinblick auf die Verwendbarkeit in der Begleitung. Dabei werden auch Gefahren, wie z. B. das Vorlesen religiöser Texte und Gebete und die dabei möglich Abwehr besprochen.

Am Schluss, wenn den Teilnehmern nichts mehr einfällt oder Zeit knapp wird, darf der Mitbringende seine Sichtweise erklären.

Auf einem Protokoll sind dann zwölf oder mehr Symbole decodiert. Weitere Symbole können ohne lange Deutung auf der Liste benannt werden.

Beispiele der Symbole und Beispiele möglicher Deutung:
- die Kerze (spendet Licht, spendet Wärme, verzehrt sich, ist endlich)
- die Blume (blühte auf, bringt Freude, ist abgeschnitten, verwelkt, doch welche?)
- das Lineal (das rechte Maß an Zuwendung, Pflege,

Liebe. Gefahr: Man kann sich auch tot-lieben!)
- eine Tempotaschentuch (für den Schweiß, die Nase, die Tränen)
- einen Stein (Jahrhunderte alt, gepresst, glattgeschliffen, ein Handschmeichler)
- ein Edelstein (knapp, wertvoll, Kraftquelle mit Symbolik)
- ein Blatt (Schönheit, die Farben des Herbstes, verwelkt, Dung für das neue Leben)
- ein Buch (mit Gedichten, Sinnsprüche, Geschichten; Vorsicht: Geschmack und Deutungen …)
- die Bibel (Kraft durch den Glauben und durch das Gebet; Vorsicht: religiöse Empfindungen und Verletzungen)
- 4711 (Frische, Duft, Erinnerungen an die Jugend. Vorsicht: Geschmack)
- Duftlämpchen (Duft, Symbolik, – Geschmack!)
- ein Kärtchen („Komme bald wieder", oder mit einem Spruch; ein Trost oder Gedankenimpuls)
- Postkarte mit Bild oder Text zum Aufstellen (Gesprächsimpuls)
- Schatulle (ein Geheimnis, welches?)
- Handschmeichler – Fingerkreuz (zum Festhalten, Grabbeigabe)
- Kuscheltier (Wärme, Zärtlichkeit, Erinnerung an die Kindheit)
- Glacee-Handschuhe (eigener und fremder Schutz, Ausscheidungen und Ekel)

- Gesichts-/Handcreme (eincremen, Körperkontakt, Zärtlichkeit)
- A6-Notizbuch (Tagebuch unserer Begegnung, jeder hat jedesmal eine Seite – ein Wort, ein Satz, ein Gedicht ...)

- Ihre Idee ....

Codierte und identifizierende Angebote ermöglichen, sich selbst im Angebotenen zu suchen und Teilaspekte zu finden. Dazu eignen sich Gedichte, Geschichten, Biografien, Metaphern, Aphorismen und Meditationssätze, vorgestellte Bilder, Fotomontagen, u. Ä. m.

Das Maß der Offenbarung über die Entdeckung kann selbstbestimmt und sodann einer gewissen Bearbeitung zugeleitet werden. Dabei wird es dann möglich, Wunden zu säubern, Wundverbände anzulegen oder auch innere Kühlung durch Träume zu ermöglichen.

Verbindende ‚Scharnierthemen', übergreifende Themen oder entlastend humorvolle Phasen können nach längerer und tiefgehender Arbeit an den ‚Dramen des Lebens' Entlastung und Kühlung bringen.

Der hier dargestellte Prozess der Erwärmung bzw. Kühlung lässt sich noch in einem anderen Bilde verdeutlichen. Es sei hier angeführt, weil es inhaltlich Ähnliches andeutet, aber den Gesichtspunkt in einem anderen Lichte erhellt:

1. Zur Wahrnehmung des Kosmos steht dem Menschen neben seinen begrenzten Augen das physische Instrument des Fernrohrs zur Verfügung. Es arbeitet mit dem Licht aus weiter Ferne. Die wahrzunehmenden Ausschnitte sind mithilfe dieses Instrumentes und mit dem anderem Licht zu sehen und ermöglichen es uns, uns ein genaueres Bild zu machen. Die Bilder aus der Weite des Himmels sind dem direkten Eingriff entzogen und nur in innerlicher Weiterarbeit zu erkennen und zu verstehen. Das Fernrohr schafft Nähe!

2. Zur Wahrnehmung dessen, was in der Polarität des Kosmos, gleichsam unter den Füßen in den Erdentiefen vorgeht, steht als physikalisches Instrument der Seismograf zur Verfügung. Mit mehreren, am Erdboden verteilten Instrumenten kann ein Informationsnetz aufgebaut werden, das über die Erschütterungen auf eigenem Grund und Boden aufklärt. Um einen Überblick zu bekommen, müssen die Informationen gedanklich in die Ferne gerückt, es muss eine Landkarte erstellt werden: Seismografen schaffen Weite!

Dies alles sind erforderliche Instrumente und Verfahren, die dem Fernrohr gleichen, die die Weite der Vergangenheit oder die Weite der Zukunft in einem anderen Licht erscheinen lassen. Ereignisse in weiter Ferne sind heranzuholen, innerlich weiterzubearbeiten, um sie zu verstehen. Es sind auch Instrumente und Verfahren wie die des Seismografen erforderlich, welche die auf dem eigenen Boden erlebten Erschütterungen verorten und sie aus der gedanklich geschaffenen Weite in einen Überblick, in eine Zusammenschau stellen und dadurch wahrnehmbar machen. In diesem nun erhöhten Gesichtsfeld, der neuen Dimension und Sphäre können neue Sichtweisen entstehen.

Didaktische Strukturelemente -Ausdrucksmöglichkeiten

In der Sterbebegleitung werden das Leben und die Probleme im Einzelgespräch zur Sprache gebracht (verbalisiert). Begleiter helfen dabei durch Gesprächsführung, das in die Krise geratene Leben auf vielfältige Weise auszudrücken. Verdrängtes, Verstecktes, Verborgenes lässt sich entdecken, offenbaren, verdeutlichen und einer Selbstaufklärung zuführen. Bekanntes lässt sich zunächst schamvoll verfremden und verstecken. Lebensformen lassen sich verdeutlichen, Leben lässt sich in Formen wahrnehmen. Intuitiv geführtes Malen und Plastizieren lassen sich auf Lebensprozesse beziehen. Erzählte Geschichten geben Anlässe zur Identifikation und Projektion, nicht als psychoanalytischer Abwehrmechanismus oder Test, sondern als Ausdruck einer inneren Bewegtheit, weniger zur Diagnose als zur Exploration. Geschichten geben Distanz und Verfremdung, zeigen Formen in einer Zeit, wo die Sprache versagt. Es ist eine Kunst, solche Ausdrucksmöglichkeiten hervorzurufen.

Hermeneutik

Vielfältige „Texte" in unterschiedlichen Formen sind entstanden, vielleicht spielerisch, aber nicht als spielerischer

Selbstzweck. Die Ergebnisse sind jeweils zu verdeutlichen, um sich aufzuklären, um sich zu bilden, um sich zu gestalten. Entwicklungen sind rückschauend zu betrachten, „zufällige" Erlebnisse sind zu befragen: Was sagt das mir? Was will heraustreten? Wie geht es weiter? Welcher Neuansatz, welche eigene Frage ist enthalten? Dazu ist Ruhe, ein Zurücktreten, ein aus der Ferne sehen erforderlich. Mitdeuter, Alternativdeuter und Fragende sind vorhanden, willkommen und hilfreich.

Lösungsprozesse

Lösen heißt, sich zu lösen von Gewohnheiten, zu lösen von Verhärtungen, aber auch: Lösungen für jetzt offensichtliche Probleme zu finden. Jetzt geht es um die Bearbeitung, um eine transformative Geisteshaltung vom Behandelten zum handelnden, selbstbewussten Subjekt, um die Mobilisierung der Selbst-Heilungs-Kräfte und die Mobilisierung der Ressourcen. Jetzt wird infrage gestellt, desillusioniert, alternatives Denken provoziert, Gewissheiten werden irritiert und allgemeine Wissensbestände außerhalb des Alltagwissens mobilisiert. Jetzt wird differenziert und wieder zusammengesehen, Anteile werden gesucht und wieder zusammengefügt. Jetzt wird alternatives Verhalten ausprobiert, Übersprünge und kleine Grenzüberschreitungen unter Hilfestellungen versucht. Einsichten und Entschlüsse wie die Veränderungen von Gewohnheiten, von Rhythmen, Entschlüssen wie Umzug, Auszug, Widerstand, Versöhnungen, Scheidung, Operationen, Anschluss an

Selbsthilfegruppen oder die Gründung einer Symbiose ... müssen konkretisiert und mit sich verbindlich vereinbart und terminiert werden. Solidarität und Symbiose als sinnvolle Ergänzungen in einer Lebensgemeinschaft werden realisiert. Die Probleme und Anliegen werden gemeinsam, als Gemeinwesenarbeit öffentlich gemacht.

Rhythmisierung

Der sinnvolle und gesunde Rhythmus gibt Sicherheit, spart Kraft und gibt Kraft. Eigenzeit, Ruhezeit, Freizeit, Denkzeit, Arbeitszeit, Entspannungszeit müssen im Einklang stehen und mit der Lerngruppe vereinbart werden. Feste Zeiten curricularer Gestaltung sind: alle Anfänge, alle Zugänge, die Reflexionszeiten (Wo stehen wir? Was will ich noch?) und alle Abschlüsse.

Ganzheitlichkeit

Ganzheiten ereignen sich durch Verbindungen im Denken, Fühlen und Wollen, im ganzen Sein. Ganzheiten sind Verbindungen von Geist und Natur, von Mensch zu Mensch. Ganzheiten verbinden die Teile des Seminars, die Arbeitseinheiten der Abende, den Anfang mit dem Schluss. Es verbindet sich Kopfarbeit (angestrengtes Nachdenken, Anstrengung des Begriffes) mit Baucharbeit (z. B. Gefühle ausdrücken, intuitiv geführte Gedankenreisen) und Handarbeit (z. B. malen, plastizieren, Schöpfer sein und etwas gestalten zu können). Ganzheit verbindet Bewegung und Mobilmachung mit Ruhe, Entspannung und Meditation. Es schließt sich die inhaltliche Arbeit und die

Gemeinschaftsarbeit zur guten Form und hat darin für den Einzelnen seine Erfüllung gefunden.

Anforderungsprofil an eine ganzheitlich Bildungsarbeit
Nachfolgend werden die Anforderungsprofile an eine ganzheitliche Bildungsrbeit aufgeführt:
- Schaffung von Ankerplätzen in den Stürmen des Lebens durch Bildung von LernGemeinschaften als Lerngelegenheiten
- planerische Hilfen und Organisation von Abläufen (Raumgestaltung, Rhythmisierung von Zeiten, Gestaltung von festen Phasen wie Anfangs-, Reflexions- und Schlussphasen)
- Schaffung von Begegnungen und Hilfen zur Gestaltung von Beziehungen, insbesondere einer wertschätzenden, einfühlenden (empathischen), offenen und echten Atmosphäre, wobei unter Atmosphäre (nach *H. Petzold*) „ergreifende Gefühlsmächte zu verstehen sind, die den Raum ergreifen und von einer Quelle ausgehen"
- Schaffung eines wachstumsfördernden Klimas (Schonklima / Reizklima)
- Regulierungshilfen von Nähe und Distanz
- Aushandeln von unterschiedlichen Interessen sowie von LehrLernverträgen
- Schaffung von vielfältigen, verschiedenartigen und motivierenden Zugängen zur räumlichen Umgebung, zum Leiter / zur Leiterin, zur Gruppe, zum Selbst, zu

Er-Innerungen, zu aktuellen Problemen und Themen, zur Zukunft
- Schaffung von Freiräumen und Zeiträumen, damit sich Probleme verdeutlichen und aussprechen können
- Gestaltung eines offenen und zuhörenden Dialogs (Zungelösen, zur Sprache bringen, Verstehen von Symbolen, Zeichen und versteckten Hilferufen)
- Möglichkeiten vielfältigen Ausdrucks anbieten (Projektionen und Decodierungen) durch Aufgabenstellungen und anhand verschiedenartiger Materialien und künstlerischer Ausdrucksformen
- gemeinsame Lebenshermeneutik als Nachvollzug von Bedeutungen, ein Verstehen und Teilnehmen an subjektiven Lebensweisen, Lebenswelten, Lebensgeschichten und Schicksalen sowie eine Teilnahme an eingelebten Kommunikationen und sozialen Biografien
- alternative und kollektive Deutungen, auch mit Konfrontationen durch neue, fremdartige Sichtweisen aus anderen Wissensbeständen, dadurch ausgelöste Identitätskrisen bearbeiten und Identität neu balancieren
- Eigenkräfte, vielleicht auch in scherzhaften Prozessen, freilegen und mobilisieren
- Entwicklungen beschleunigen oder bremsen
- Transformation an Übergangsstellen:
- vom Bekannten zum Unbekannten

- vom Chaos des Lebens zur Krisenverarbeitung als Formung und Neu-Bildung
- von verfestigten und verhärteten Gewohnheiten und Deutungsmustern durch Infragestellung, durch ‚Chaotisierung' und durch ein In-Bewegung- Bringen, um zu neuen Lebensformen zu gelangen
- zu Übersprüngen und Grenzüberschreitungen ermutigen als elementare Erfahrung und solches erleben lassen
- Verfahren zur Entwicklung ideenreicher und vielfältiger Lösungsmöglichkeiten einsetzen
- praktische Bewältigungsstrategien schöpferisch entwickeln
- Impulse und Hilfen zur Selbst- und Gruppenreflexion im Lehr-Lernprozess anbieten
- Bewusstmachung und Sicherung von Lernerfahrungen (z. B. persönliches Lerntagebuch)
- Teilnehmer/-innen geistig tragen
- Übergänge im Lehr-Lernprozess und im Alltag schaffen und Entwicklungen in der Form schließen
- die Kunst, mit dem Lehren aufzuhören
- Gruppe und Entwicklungen sterben lassen, um Neues zu beleben ...

Sieben Künste des Lehrens

Wahre Hilfe kann der Mensch dem Menschen nur bringen, wenn fremde Not, wenn fremdes Leid für ihn zu eigen wird, wenn es ihm im Herzen brennt. Die beste Technik, die durchdachte Methode ist nur ein Werkzeug – als solches nützlich und unentbehrlich. Aber recht handhaben kann nur der Mensch, dessen Tun aus einem wachen Gewissen quillt; aus dem lebendigen Glauben an eine Brüderlichkeit, der Taten wirken muss.

Alice Salomon

1. Die Kunst der Menschen-Liebe

Von der Liebe ist in wissenschaftlichen Diskussionen und Veröffentlichungen kaum die Rede und das hat seine Gründe. Liebe klingt religiös bis sentimental und hat seine Formulierungsschwierigkeiten schon bei der „Liebe zum Kind". *Erich Fromm* zeigt in seinem Buch „Die Kunst des Liebens" die Praxis des Liebens als eine im Glauben gegründete auf. Glaube heißt hier, Glaube an den Menschen, an seine Möglichkeiten, seine Gestaltungskraft, seine sozialen und schöpferischen Kräfte und Überlebenskräfte. Glaube heißt, die Individualität und Freiheit des Menschen zu achten und ihn nicht zum Objekt, auch nicht in subtiler Unterdrückung in Lehrprozessen zu machen, sondern ihm in Achtung, Respekt und Würde zu begegnen. „Je mehr man mit Menschen zu tun hat, die sich in Not befinden, desto größer wird das Vertrauen zur Menschheit und die Achtung vor dem Menschen. Wenn man sieht, welche Anstrengungen sie machen, um ihre Schwierigkeiten zu überwinden, so vertieft sich der Glaube an ihre Fähigkeit, sich selbst zu helfen." (*Alice Salomon*) Die Praxis der Liebe stellt die Reflexionsfrage an den Pädagogen: „Was macht mich wert, dass man sich auf mich einlässt?" Praxis der Liebe heißt sorgende Zuwendung, Anteilnahme und Seel Sorge, heißt für Lehrer als Lernhelfer, sich inhaltlich intensiv mit Grenzsituationen des Lebens, des Leidens, des Sterbens und des Trauerns zu befassen, genauso, wie die Betroffenen selbst, aber gefühlsmäßig Distanz zu regulieren, um helfen zu können. Praxis der Liebe heißt, Menschen einzuladen, an der Sozialgestalt ihrer Lern-Gemeinschaft zu arbeiten und in einem sozialen Klima des Dialogs, des Vertrauens und der gewachsenen Nähe gemeinsam an Überlebensfragen zu arbeiten.

2. Die Kunst der Provokation

Der Lehrer (Frauen sind immer mitgemeint) ist Anreger und Animateur, dem Leben und Leiden Ausdruck zu verhelfen, es zur Sprache und in Form zu bringen. Leben entzündet sich am Leben. Der Lehrer wird lebendige Zugänge schaffen und Lebensprobleme methodisch aufschließen helfen. Er wird archaische Bilder und Urbilder hervorrufen. Er wird Fragen und alternative Sichtweisen provozieren und Erfahrungsschätze heben helfen. Er beteiligt sich an der Kunst der detektivischen Spurensuche, um neue Wege, Übersprünge und Schlupflöcher zu finden.

3. Die Kunst der Teilhabe

Der Lehrer wird Anteil nehmen an dem ausgedrückten Leid (Methexis), er wird sich anlehnen und nachschaffen (Mimesis) und gemeinsam zu verstehen suchen (Hermeneutik).

4. Die Kunst der Infragestellung

Der Lehrer sorgt für Begegnung, für Streitkultur. Er

versteckt sich nicht und redet nicht nach dem Munde. Er sorgt für Desillusionierung, für die Destruktion von Täuschungen, von Verleugnungen, von Nicht-Wahrhaben wollen, für die Irritation von Gewissheiten, er sorgt für Selbstreflexion und Selbstaufklärung. Er konfrontiert methodisch mit Zumutungen, fordert Widersprüche heraus und lässt üben, Widersprüche auszuhalten. Auch die Krisen im Lehr-Lernprozess der Gruppe selbst sind hier wichtige Lernfelder.

5. Die Kunst der Prozessführung

Der Lehrer kennt Prozesse der Gruppenentwicklung, solche lebendigen Lehrens und Lernens und kreativ-künstlerische Prozesse; er kennt Krisenverläufe und Zuspitzungen in Lebensläufen und Phasen der Trauer und der Schicksalsbearbeitung. Er kennt die kraftsparende und heilende Rhythmisierung von Lehr-Lernprozessen. Er kann Prozesse einschätzen, Widersprüche produktiv in Richtung Chaos weitertreiben und chaotische Verläufe zur Formgebung bremsen.

6. Die Kunst des rechten Augenblicks

Der rechte Augenblick ist keine messbare und planbare Größe. Das Kommen von Kairos ist mehr ein intuitives Abspüren, es ist zu erahnen. Es ist die Kunst, sich rauszuhalten, sich im rechten Augenblick einzuschalten, Gelegenheiten zu ergreifen. Zu früh eingebracht, ist sein Beitrag noch unerträglich – wenn sein Beitrag zu spät kommt, bestraft ihn das schon fortgeschrittene Leben.

7. Die Kunst, mit dem Lehren aufzuhören

Pädagogik ist Handeln auf Zeit. Es ist eine Kunst, zurückzutreten, loszulassen, Menschen in das selbstständige Handeln im risikoreichen Leben zu entlassen, wann immer sie wollen. Zusehen zu müssen, wie Leid und neue Fehler durch Liebe und Lehren nicht zu beseitigen sind, ist eine schwere Kunst und zugleich Gewissheit und Trost, dass Bildung dem Menschen **ein Leben lang aufgegeben** ist.

„Me-Ti sagte:
Jeder Lehrer muss lernen, mit dem Lehren aufzuhören, wenn es Zeit ist. Das ist eine schwere Kunst. Die Wenigsten sind im Stande, sich zu gegebener Zeit von der Wirklichkeit vertreten zu lassen. Die Wenigsten wissen, wann sie mit dem Lehren fertig sind. Es ist freilich schwer, zuzusehen, wie der Schüler, nachdem man versucht hat, ihm die Fehler zu ersparen, die man selber begangen hat, nunmehr solche Fehler macht. So schlimm es ist, keinen Rat zu bekommen, so schlimm kann es sein, keinen geben zu dürfen."

Bertolt Brecht

Literatur:
Becker, P., Burgheim, W., Jüdt, U.: Lehren und Lernen für Sterbende, (IGSL-Curriculum). Bingen 2000; neu in 2006
Brecht, B.: Me-ti. Buch der Wendungen. Frankfurt 1992
Burgheim, W.: Didaktik der Krisenpädagogik. Lehren und Helfen als BildungsKunst. Aachen 2003
Burgheim, W.: Sterbebegleitung braucht Qualifizierung, 5. Fachtagung des Landes Hessen zur Verbesserung der Sterbebegleitung. Wiesbaden 2005

Burgheim, W.: Persönlichkeitsentwicklung durch ehrenamtliche Arbeit. Was macht das Ehrenamt mit uns? Vortrag auf der 6. Fachtagung des Landes Hessen zur Verbesserung der Sterbebegleitung. Wiesbaden 2006

Freire, P.: Pädagogik der Unterdrückten. Reinbek bei Hamburg 1973 (rororo TB 6830)

Graf, G.: Der eigenständige Ort und Auftrag der Kinderhospizarbeit. In: Deutscher Kinderhospizverein (Hrsg.) Kinderhospizarbeit. Begleitung auf dem Lebensweg. Wuppertal 2006, S. 21 – 23

Kübler-Ross, E.: Verstehen, was Sterbende sagen wollen. Einführung in ihre symbolische Sprache. Gütersloh (CtB) 1990

Kultusministerium Baden-Württemberg, Kostenlose Broschüre: Vom Umgang mit der Trauer in der Schule. Handreichungen für Lehrkräfte und Erzieher/-innen, 2006. Bezug: oeffentlichkeitsarbeit@km.kv.bwl.de

Otterstedt, C.: Der verbale Dialog. Dortmund 2005

Otterstedt, C.: Der nonverbale Dialog. Dortmund 2005

Schölper, E. (Hrsg.): Sterbende begleiten lernen. Mit CD-ROM. Das Celler Modell zur Vorbereitung von Ehrenamtlichen in der Sterbebegleitung. Gütersloh 2004

Schulz v. Thun, F.: Miteinander reden 1. Störungen und Klärungen. Reinbek bei Hamburg 1991 (TB)

Vopel, K. W.: Mut zum Sterben, Mut zum Leben. Phantasiereisen und Übungen. Hamburg 2005

Watzlawick, P. u. a.: Menschliche Kommunikation. Formen, Störungen, Paradoxien. Stuttgart 1969

7 Zur Rollenunsicherheit der Ehrenamtlichen im Palliative Care-Konzept

Die Rolle der Hospizbegleiter muss neu geklärt werden

Das Jahr 2008 bachte für die Ehrenamtlichen in der Sterbebegleitung eine neue Situation, schärfer: Das Ehrenamt ist in Gefahr. Erstmals haben Sterbenskranke einen Rechtsanspruch auf eine verordnete spezialisierte ambulante Palliativversorgung durch ein Palliative Care-Team, also von Professionellen, die speziell für diese Aufgabe fortgebildet sind. Es ist ein ganzheitliches, d. h. medizinisch-pflegerisches, psycho-soziales und spirituelles Methodenkonzept.

Diese noch so positiv zu bewertende neue Leistung bringt die Ehrenamtlichen in eine Krise. „Brauchen wir sie denn dann noch?", so könnte gefragt werden. Manche Pflegebedürftige und manche Familie fragt sich heute schon, ob der Beitrag der Ehrenamtlichen ausreichend ist oder ob er von den Professionellen situationsgerechter erfüllt werden kann.

Im Oktober 2007 hat die Bundesarbeitsgemeinschaft Hospiz, also der Dachverband der ambulanten und stationären Einrichtungen und der großen deutschen Dachverbände, ihren Namen geändert. Sie trug damit der Vernetzung mit jener Bewegung Rechnung, die gleichsam von oben kommend ihren Beitrag für sterbende Menschen absichern will. War die Hospiz-Bewegung zu einer Bürgerbewegung, gleichsam von unten, aus der Not des

Sterbens heraus entstanden, die sich durch Ehrenamtlichkeit auszeichnete und von qualifizierten „Laien" durchgeführt wird, so kam durch Ärzte und Pflegende ein ganzheitlich-professionelles Konzept hinzu, Palliative-Care als ganzheitliches Konzept für Körper, Seele und Geist des Sterbenden, erweitert auf das System Familie und frühzeitig einsetzend, [so die Definition der WHO von 2002]. Dieses Angebot wurde nun 2007 und 2008 gesetzlich abgesichert (siehe Kap. 10.8 und 10.11).

Der Name des Zusammenschlusses im Bund macht die beiden Richtungen deutlich: „Deutscher Hospiz- und Palliativ-Verband e. V. (DHPV)". Auch der Forumverlag hat neben diesem Loseblatt-Werk zur Sterbebegleitung parallel ein Handbuch für Palliativ-Medizin und -Pflege herausgegeben. Die Dachverbände und Hospizvereine wollen durch Namensänderung der Integration von Hospizarbeit und Palliative Care Rechnung tragen. Und auch in den örtlichen Hospizgruppen wird die Anpassung vollzogen. So schreibt der Palliativ-Mediziner und Leiter der Mainzer Hospizgesellschaft *Martin Weber* im Mai 2008: „Wie noch kein Jahr in unserer jungen Hospizgeschichte war nun das zu Ende gehende gekennzeichnet von der Notwendigkeit zu prüfen, inwieweit unsere hospizlichen Organisationsformen den aktuellen gesundheitspolitischen Veränderungen angemessen sind. Von Beginn an haben wir Hospizarbeit nie als ein fest definiertes, unveränderliches Gebilde verstanden, sondern haben unsere Konzeption kontinuierlich weiterentwickelt, um den wachsenden gesellschaftlichen Anforderungen einerseits und der zunehmenden Größe unserer Hospizgesellschaft andererseits gerecht werden zu können." [Örtliche gemeinnützige GmbHs wurden schon gegründet.]

Damit ist die Integration von Angebot und Aufgabenverteilung längst noch nicht gelöst, sondern beginnt erst. Es bleibt zu hoffen, dass durch die spezialisierte ambulante Palliativ-Versorgung die ehrenamtlichen Sterbebegleiter nicht vor der Türe bleiben und eine allseits befriedigende Aufgabe finden werden.

Was bedeutet nun diese Veränderung für die Ehrenamtlichen konkret?

Ich behaupte, dass das derzeitig beschriebene harmonische Miteinander von Hospiz-Arbeit und Palliative Care in Konkurrenz gerät und eine Verunsicherung der Ehrenamtlichen zur Folge haben wird. Die Hospiz-Bewegung ist aus der Not geboren, nun wird sich ein professionelles Team mit „care not cure" um den Sterbenden kümmern, und zwar gerade dann, wenn nichts mehr zu machen ist und früher die ärztlichen Maßnahmen beendet wurden.

Das Wort Krise, ein Übergang, in dem das Alte noch nicht trägt und Neues noch nicht gefunden ist, trifft nun für das Ehrenamt zu. Doch wie soll das Neue aussehen? Wie der Gefahr begegnen?

Antwort: Durch eine Neudefinition und eine Neubewertung der Rolle des Ehrenamtes in der Hospiz-Arbeit! Zu fragen

ist, wie Lebensqualität statt Lebensquantität gemeinsam <u>mit</u> einem professionellen Palliative Care-Team und den Ehrenamtlichen der Hospiz-Bewegung zu leisten ist. Johann-Christoph Student und Annedore Napiwotzky beschreiben fünf Kennzeichen von Hospizarbeit und Palliative Care:
1. Der sterbende Mensch und seine Angehörigen stehen im Zentrum des Dienstes.
2. Der Gruppe der Betroffenen steht ein multiprofessionelles Team zur Verfügung.
3. Die Einbeziehung freiwilliger Helferinnen und Helfer.
4. Die gute Kenntnis der Symptomkontrolle.
5. Die Kontinuität der Fürsorge für die betroffene Gruppe.

(Student, Christoph, Das Hospiz-Buch, Freiburg 1999, 4. Aufl., und Palliative Care, Stuttgart 2007)

Zum Punkt 3 wird dann Folgendes ausgeführt: „**Die Einbeziehung freiwilliger Helferinnen und Helfer**. Diese „Ehrenamtlichen" werden im Hospiz nicht als Lückenbüßer missbraucht. Die freiwilligen HelferInnen haben ganz eigenständige Aufgaben, in denen sie zwar Alltägliches tun: wie kochen, einkaufen, Kinder hüten, am Bett sitzen, reden, sich zur Verfügung stellen. Aber sie tun dies alles unter dem Aspekt des bevorstehenden Todes. Ihr Ziel ist es, dabei Sterbebegleitung zu einem Teil alltäglicher mitmenschlicher Begegnungen zu machen und damit der Integration des Sterbens im Alltag zu dienen. Sie ermöglichen damit Sterbenden und Trauernden (wieder) die Teilhabe an der

Gesellschaft." (2007, S. 9)

Diese Beschreibung ist meines Erachtens verkürzt, für die Ehrenamtlichen unbefriedigend und ob der vielen Frauen in der Hospizarbeit missverständlich, weil sie weitgehend reduziert werden auf weibliche Tätigkeiten des Einkaufens, Kochens und Kinderhütens.

Müsste die Aufgabenbeschreibung nicht differenzierter, operationalisierter und im Abgleich mit dem Palliative Care-Team neu formuliert werden?
Zuvor ist aber ein Blick in die Geschichte der Entwicklung von Hospizarbeit und Palliative Care interessant. Lange Zeit lebten und entwickelten sie sich nebeneinander mit unterschiedlich parallel laufenden Konzepten. Jetzt läuft die historische Entwicklung aufeinander zu. Organisatorisch integrieren sich die Konzepte. Doch finden alle die bewährten Akteure ihren angemessenen Platz und eine sich ergänzende Aufgabenstellung?

Veränderungen im sozialen System bringen immer eine Infragestellung der Rollen der Beteiligten mit sich und fordern zu einer Neudefinition, zu einer Abgrenzung von neuen Vereinbarungen und der Kooperation heraus. Gerade waren die Ehrenamtlichen froh, in der Gesellschaft mit ihrer qualifizierten Arbeit anerkannt zu werden, waren die inzwischen flächendeckend arbeitenden Hospiz-Gruppen darüber glücklich, dass sich der Begriff „Hospiz" im Bewusstsein der Bevölkerung verankert hatte und sich auch in den Spenden verdeutlichte, waren die Betroffenen und ihre Familien froh, dass jemand zu Besuch kam, der Zeit hatte, sich auskannte, entlasten konnte und kooperativ mit Fachleuten im Gespräch war.

Wird das auch so bleiben, wenn jetzt „Palliative Care-Teams" hauptamtlich und mit großer Fachlichkeit, erworben in Zusatzausbildungen, Sterbende ganzheitlich betreuen werden? [Zudem ist eine Qualitätssicherung bei einigen Hospizgruppen noch nicht angekommen.] Was bleibt für die Ehrenamtlichen?

Eine ähnliche Problematik hatten wir, als die ersten hauptamtlichen Koordinatorinnen in den Hospiz-Gruppen tätig wurden. Einerseits wurden sie oft als Entlastung und als Kontinuität der Arbeit gesehen und gerne aufgenommen. Auf der anderen Seite waren Aufgaben, die bisher Ehrenamtliche oder Vorstandsmitglieder gerne taten, von den Koordinatorinnen übernommen worden, nicht immer ohne Konflikt.

Nun lässt sich mit einem oder wenigen Hauptamtlichen das Verhalten zu den vielen Ehrenamtlichen ausbalancieren. Wird es aber gelingen, wenn ganze professionelle Teams tätig werden? Wie die Identitätskrise der Ehrenamtlichen, in der die alte Rollenverteilung nicht mehr trägt und die neue noch nicht gestaltet ist, meistern?

Soziologische Erklärungsmodelle zur Situation

Unter einer „sozialen Rolle" wird in der Rollentheorie, also Teil der Mikrosoziologie, die Summe aller Erwartungen gesehen, die an den Träger einer bestimmten Position geknüpft werden. Jeder Mensch hat eine Fülle solcher

Positionen: Er ist Frau oder Mann, Deutscher oder Migrant, Autofahrer, Vater, Kegelbruder und eventuell auch Hospiz-Helfer.

All diesen jeweils unterschiedlichen Erwartungen muss der Mensch in seinem „roleset" mehr oder weniger genügen. Einige dieser Rollen sind zugeschrieben wie Geschlecht, Volkszugehörigkeit, andere sind erworben, wie Mutter oder Vater, Vereinsvorsitzender oder Hospizhelferin. Ein Nichtbefolgen von Erwartungen führt zu negativen Sanktionen. Eine Erfüllung der Sollerwartungen ruft Sympathie hervor. Soziale Rollen, d. h. die Erwartungen, müssten in jedem Lebensfeld wahrgenommen und im Laufe der Zeit gelernt werden, um in den Lebensbereichen bestehen zu können. Sie sind aber auch dem Wandel unterworfen und müssen insbesondere bei Veränderung neu ausgehandelt, neu definiert und neu gelernt werden.

In einem sozialen System sind die Rollen definiert. Man weiß also, was man zu tun hat. Schwirig wird es, wenn die Vorgaben unklar sind.

Ist denn wirklich klar, was ein Sterbebegleiter, eine Sterbegleiterin zu tun hat? Wie klar sind die Aufgabenstellungen, die Erwartungen und die „Stellenbeschreibung"? Welche Sanktionen sind bei Nicht-beachtung zu befürchten? Würde bei unklaren Erwartungen die Unsicherheit oder die Beliebigkeit groß werden?

Die Frage ist also: Woher wissen Sterbegleiter, was für eine Rolle sie zu spielen haben, um eine gelungene Rollenübernahme (role-taking) erreichen zu können?

Die Erwartungen an die Sterbebegleiter werden gespeist durch:
- Verlautbarung der Dachorganisationen (Präambeln, 10-Punkte-Programme). Was will die Hospizbewegung, was wollen die Dachverbände?
- Vorgabe der jeweiligen Hospizgruppe. Was ist dort üblich? Standards, Konzepte, Rituale, vertreten durch den dortigen Vorstand, durch die Koordinatorin und die Einsatzleitung, die Hospizschwester, die Qualitätsbeauftragte, die Ausbildungsbeauftragte;
- die Qualitätssicherungsmaßnahmen, in denen durch Informationen, Supervision und Reflexion Standards mit den Beteiligten entwickelt werden;
- die eigene Lebensgeschichte (angeeignete Normen und Werte, d. h. Lebenserfahrung mit Sterbenden, Tod und Trauer und daraus entwickelte Vorstellungen).

Gerade der letzte Punkt weist darauf hin, dass Vorgaben auch konfliktreich sein können. Dies wird im Begriff **Identität** deutlich. Identität meint, dass der einzelne Mensch in größtmöglicher Übereinstimmung mit seiner in der bisherigen Lebensgeschichte gewordenen Persönlichkeit, aber auch mit den vielfältigen Rollen im Nebeneinander der Lebensfelder wie Familie, Beruf, Freizeit und Hospizarbeit leben muss. Es ist also ein ständiger Balanceakt nötig von dazugehören und abgrenzen, von einem „Sein wie jeder andere"; personelle Identität und „sein wie kein anderer"; soziale Identität.

Zur Identitätskrise kommt es, wenn durch Veränderung

die Balance ins Wanken gerät (durch Ortswechsel, Verlust vom Arbeitsplatz, Tod, auftretende Konkurrenz, sozialer Wandel), wenn man nicht mehr gebraucht wird oder sich die Erwartungen und Aufgabenbeschreibungen verändern.
Wie aber in solchen Veränderungen bestehen? Wie seine Rolle aktiv gestalten?
Die Theorie des „Symbolischen Interaktionismus" gibt uns Hinweise, mit welchen Fähigkeiten der Mensch seine Rolle ausgestalten und die Identität ausbalancieren kann.

Fähigkeit zur Rollengestaltung und Identitätsbalance
Merkmale der Identität / der Identitätsbalance und die entsprechenden Fähigkeiten des Subjektes (nach dem „symbolischen Interaktionismus")

Balance von
- sein wie jeder andere (me) und
- sein wie kein anderer (I)

Krise durch (radikale) Änderung in den Lebensfeldern (des Gleichgewichtes)

Fünf Fähigkeiten zur Balance:
1. Rollenübernahme (role-taking)
2. Einfühlungsvermögen (Empathie)
3. Rollenselbstdefinition (presentation of self)
4. Rollendistanz (role-distance)
5. Ambiguitätstoleranz

1. Die Fähigkeit der Rollenübernahme (role-taking)
Hier geht es um die Fähigkeit, den Erwartungen der zugeschriebenen und erworbenen Rollen gerecht zu werden. Das heißt für die Ehrenamtlichen in der Sterbebegleitung, sie müssen Vorstellungen entwickeln und in Qualifikationsmaßnahmen lernen, was in der Sterbebegleitung zu tun ist und von ihnen erwartet wird. Übernehmen andere Rollenträger die gleichen oder ähnlichen Aufgaben, so ist die Aufgabenverteilung neu auszuhandeln und neu zu definieren: Was ist denn das Besondere, das Spezifische ehrenamtlicher Sterbegleitung im Vergleich oder im Unterschied zu Palliative Care-Teams? Wenn dies nicht zu formulieren oder unklar ist, bringt es eine Rollenunsicherheit der Ehrenamtlichen, eine Irritierung bei den Betroffenen, die dann in der Formulierung deutlich werden kann: *„Brauchen wir denn die auch noch?"*, wenn ein professionelles Team die Erwartungen per Verschreibung erfüllen kann?

2. Die Fähigkeit der Empathie
Empathie bedeutet Einfühlungsvermögen. Es ist die Fähigkeit, Erwartungen des Gegenübers wahrzunehmen, zu antizipieren, aber auch die Wirkung meiner Handlungen anderen gegenüber einschätzen zu können. Im Du, im Spiegel des anderen wird das Ich gebildet *(Martin Buber)*. Ohne die Fähigkeit, die Erwartungen des anderen antizipieren zu können, ist eine Identitätsbalance nicht möglich (sein wie jeder andere).

In der Hospizarbeit, also in einem besonders empfindlichen Bereich, ist das empfindsame Einfühlen in die Situation des Kranken, in das System Familie, in die Krisen, Ängste und Sorgen des Sterbenden eine Schlüsselqualifikation. Der Sprache kommt dabei eine besondere Bedeutung zu (insbesondere der nonverbalen Sprache der Sterbenden).

3. Die Fähigkeit der Identitätsdarstellung (presentation of self)

Jeder Mensch ist unterschiedlich in seinen Möglichkeiten und Grenzen, in seinen Vorstellungen von Beruf und Ehrenamt. Ist dies abgeklärt, so geht es, wie dargestellt, nicht einfach nur um eine unreflektierte Übernahme der Verhaltenserwartungen der Rolle in der Sterbebegleitung, sondern in einem abgeklärten Bezug zu den Eigenvorstellungen. Somit wäre es bei der Erlangung dieser Fähigkeiten wichtig, die aufgelisteten und zugeschriebenen Erwartungen mit sich und seiner Lebensgeschichte in Einklang zu bringen und zu verdeutlichen. Dies ist auch für die Einsatzleitung wichtig, um die richtige Person für diesen Sterbenden zu finden, aber auch wichtig beim Erstkontakt:

- Was sage ich beim Erstgespräch in der Familie und was dem Sterbenden?
- Was kann ich?
- Was kann ich weniger und was nicht?
- Was will ich gerne tun?
- Was will ich nicht tun?
- Was geht mir gegen die Natur und gegen den Strich?

- Welche Erfahrungen bringe ich mit? usw.
- Aber auch: Was können / tun wir als Gruppe der Sterbebegleiter/-innen spezifisch und im Unterschied oder Ergänzung zum Palliativteam?

4. Die Fähigkeit der Rollendistanz (role-distance)

Soeben wurde schon deutlich, dass bei dieser Arbeit des Präsentierens, also wie man sich vorstellt, die eigene Rolle auszufüllen, eine Distanzierung von möglichen Erwartungen denkbar ist. Deutlich wird, dass der Ehrenamtliche z. B. keine größeren pflegerischen Aufgaben übernehmen wird. Auch sollte z. B. deutlich werden, dass der Ehrenamtliche nicht vorgibt zu wissen, wie das Sterben geht, und den besten Weg dazu anbieten kann. Durch Empathie hat er auch wahrgenommen, welche Erwartungen die Interaktionspartner nun konkret haben. Jetzt muss er sich dazu verhalten und ggf. sich auch davon distanzieren, um nicht zu enttäuschen oder ausgenutzt zu werden, sich nicht zu verbiegen.

5. Die Fähigkeit der Ambiguitätstoleranz

Frustration bedeutet, Enttäuschung, Wünsche oder Erwartungen nicht erfüllt zu bekommen.
Sie entsteht z. B. durch die Unvereinbarkeit von Fremderwartungen
- seien es zu viele,
- seien es unangemessene Erwartungen,
- seien es interne Rollenkonflikte (du gehst jetzt noch

zur Hospizarbeit und lässt uns zu Hause im Stich)
- seien es Intrarollenkonflikte (der Wunsch nach aktiver Sterbehilfe und das Verbot, insbesondere für eine/-n Hospizarbeiter/-in), also ganz unterschiedliche Erwartungen, die nicht übereinstimmen und deren Nichterfüllung unter Umständen bestraft werden. Solche Toleranz, solche Geduld, solches Ertragen, auch von „Strafe", will geübt sein. Allein schon dadurch, dass das Problem bewusst wird, es nicht allen und nicht jedem recht machen zu können, ist hilfreich. Notfalls müssen die Erwartungen neu verhandelt, vielleicht auch die Beziehung aufgelöst werden (love it, change it or leave it).

Diese fünf Fähigkeiten müssten in den Curricula, d. h. in den Qualifizierungsmaßnahmen berücksichtigt und geschult werden.

Bleibende und neue Aufgaben für die Ehrenamtlichen
- Zeit haben, ohne Zeitdruck da sein
- zuhören / hinhören / hineinhören
- Zuwendung
- Ablenkung ermöglichen
- andere Arten des Körperkontaktes (Fußmassage, eincremen, Basale Stimulation)
- persönliche Beziehungen aufbauen
- individuell begleiten
- Vertrauen aufbauen

- seelischer Mülleimer
- einbringen persönlicher Lebenserfahrung
- Austausch und Vergleich
- Gespräch über heimliche / verrückte Wünsche des Sterbenden, über Hoffnungen und Träume
- Laiengespräche als Partner, nicht als beauftragter Professioneller
- religiöse transzendentale Fragen mit Laien ohne Absicht besprechen (Suchbewegungen)
- Gespräch über Sterben, Tod und Trauer mit Angehörigen
- Isolation vermeiden, Anteil am Alltag nehmen durch vorlesen, berichten, diskutieren über Alltägliches
- Atmosphäre schaffen
- das Leben in die Wohnstube bringen
- Verbindungen und Brückenschlag zu Angehörigen, zu Ärzten, Pflegenden, Bestattern, zu Priestern, Nachbarn
- Hinweise auf Probleme körperlichen und seelischen Zustandes an Arzt und Pflegende ohne Vertrauensbruch
- Entlastung der Angehörigen
- Botengänge
- Aufträge des Sterbenden durchführbar machen
- Lücken professioneller Pflege herausfinden
- Begleitung statt Fürsorge, losgelöst von der Notwendigkeit medizinischen Personals
- Mithilfe beim Projekt „zu Hause sterben"

- häusliche Koordination
- Sitzwache, Notnagel
- kostenlos, aber nicht umsonst
- Partner statt Profi
- neutrale Person
- ohne Hindernis von Theoriegebäuden
- ohne Blick auf Dokumentation, Abrechnung und Kontrolle
- Improvisationskunst statt Plan
- praktische spontane Hilfeleistung
- Aufarbeitung der Biografie, Lebenserinnerungen, Lebenseinstellungen, Schuldgefühle
- gute Kenntnis der Lebensgeschichte und der sozialen Bezüge für die Trauerarbeit und Begleitung der Angehörigen.

Mach Dir ein Bild – Palliative Care in Metaphern
Palliative Care ist wie ...
- *der Begleittrupp bei einer Expedition ins Ungewisse*
- *ein schöner Tag im Herbst bei untergehender Sonne im Park*
- *eine führende Hand, die den sterbenden Menschen menschenswürdig sterben und die Hinterbliebenen den endgültigen Abschied verstehen lässt*
- *das Licht der aufgehenden Sonne*
- *eine schwere Aufgabe zusammen lösen*
- *das letzte Stück des Weges begleiten*
- *ein Regenbogen am Horizont*

- *ein brennender Busch*
- *ein spät geborenes Kind*
- *ein abfahrender Zug, zurzeit noch ohne Lokführer*
- *einem Ertrinkenden das Wasser erwärmen*
- *ein aufgestülpter Hut*
- *ein geschützter Raum*
- *ein Neugeborenes*
- *eine Blumenwiese, vielfältig, bunt, freundlich*
- *ein Sicherheitsgurt, ein Airbag*
- *ein Nest, wie am Anfang in der Familie in Geborgenheit, liebevoll, gemeinschaftlich*
- *ein großes Fragezeichen*
- *eine zierliche Blume im Schatten einer Mauer*
- *der Übergang von einem Tal in eine weite Wiese*
- *eine größere Hoffnung auf Wahrung der Menschlichkeit im Tod*
- *Licht in einen Angst auslösenden Raum bringen*
- *eine Oase für den Durstigen*
- *eine Türe in eine andere Dimension*
- *ein Anker, der auf stürmischer See Halt gibt*
- *eine Hebamme, nur anders herum*
- *eine Zug-Begleitung mit vielen Stationen bis zur Endstation*
- *geschlossene Blütenblätter, die den Nektar schützen*
- *das Verstehen einer individuellen Landkarte*

- *Ihr Bild:* ....

8 Wohin Hospizbewegung ?

Ein ungewöhnliches Interview mit Dame Palliativa Hospizia

Interviewer:
Ein ganz herzliches Willkommen, gnädige Frau, und vielen Dank für Ihr Kommen. Bei Ihren weltweiten Verpflichtungen weiß ich dies sehr zu schätzen.
Ich habe einen bunten Strauß von Fragen vorbereitet. Diese Rose ist stellvertretend. Sie symbolisiert ja Liebe und Schönheit, auch dauerhafte Verantwortung, wie Antoine de Saint-Exuéry den Kleinen Prinzen sagen läßt: "Du bist zeitlebens für das verantwortlich, was du dir vertraut gemacht hast" und Rainer Maria Rilke sagte: "Es gibt Augenblicke, in denen eine Rose wichtiger ist als ein Stück Brot". Die Rose hat aber auch Stacheln, die heute als ein Symbol für Fragen und Antworten stehen sollen, die auch unan-genehm sein können.

Palliativa Hospizia:
Ich danke Ihnen für Ihre freundliche Einladung. Sie haben Recht - ich habe derzeit viel zu tun, bin aber gerne zu Ihnen gekommen. Doch mit Ihrer Anrede „gnädige Frau" habe ich meine Schwierigkeiten. Sie ist so eine Floskel, wobei das Gnädigsein zu meinen Aufgaben gehört. Meine Mitstreiter und Mitstreiterinnen leisten ebenfalls einen gnadenvollen Dienst.

Interviewer:
Aber die Anrede „Dame" dürfte Sie wohl nicht schrecken. Sie ist ja ein Ehrentitel, verliehen wie ein"Sir" von der englischen Königin für besondere Verdienste.

Palliativa Hospizia:
Diese Ehre ist mir angeheftet, wird aber all jenen zuteil, die in meinem Sinne arbeiten. So zum Beispiel und insbesondere der Dame *Cicely Sounders*. Sie verkörperte eine ideale Verbindung, die ich mir heute sehr wünschen würde. Als Sozialarbeiterin und Ärztin hatte sie einen besonderen Blick sowohl für die psycho-soziale und spirituelle Not als auch für die medizinischen und pflegerischen Aufgaben. In ihrem "total pain" zeigte sie, wie viele Problembereiche den Menschen schmerzen. All diese Problembereiche müssen bei der Versorgung und Begleitung berücksichtigt werden, wenn wirklich geholfen werden soll. Cicely Sounders hatte nach Jahrzehnten der Vorbereitung das „St. Christopher's Hospice" in der Nähe von London gegründet. Es ist inzwischen zu einer weltweit anerkannten Modelleinrichtung geworden.
In Deutschland hat es lange gedauert – und es hält noch an - zu verstehen, dass Hospiz keine Sterbeklinik und kein Haus ist, sondern eine Idee und eine Bürgerbewegung.
Es waren meistens Frauen, die die Palliativmedizin und Palliativstationen initiiert und die Männer, wie den Ordinarius und Klinikdirektor gedrängt haben, hilfreiche Einrichtungen im Krankenhaus für ein humanes Sterben zu

schaffen. Zu diesen gehört auch die deutsche Ärztin Dr. Ingeborg Jonen-Thielemann. Wie so oft, blieben die Frauen dabei jedoch im Hintergrund und die Männer wurden Präsidenten.

Interviewer:
Gestatten Sie mir die Bemerkung, dass Ihr „Outfit" relativ bescheiden ist. Präsidenten, Amtspersonen, aber auch Persönlichkeiten wie Sie, haben meist eine Amtskette, ein Talar oder eine Krone.

Palliativa Hospizia:
Solche Zeichen der Macht entsprechen nicht meinem Wesen. Ich liebe meinen Poncho. Er ist ein Geschenk von Indianern. Eine Handarbeit aus wärmender Wolle. Er passt zu meinem Vornamen, denn bei meiner Arbeit geht es ja um Hüllen, Wärmen und Lindern, symbolisiert durch das Pallium, den Umhang.

Interviewer:
Nun, wenn wir schon bei der Namensforschung sind, sagen Sie bitte auch noch etwas zu Ihrem Nachnamen "Hospizia" - und ich bin mal mutig, auch zu Ihrem Alter.

Palliativa Hospizia:
Man sieht mir mein Alter nicht an, aber ich bin so alt wie die Menschheit. Seit jeher gibt es die Aufgabe, Menschen in der schweren Stunde des Sterbens oder in der Trauer zu

begleiten. Dies haben wir Menschen schon immer in all den verschiedenen Kulturen und Religionen geleistet und leisten müssen.

In der Antike nannte man mich "ars moriendi" (Kunst des Sterbens). Dieser Name bezeichnete die Haltung, die der Mensch ausbilden sollte, um dem Unausweichlichen, dem Tod, zu begegnen.

Meist bin ich in der Not neu geboren oder auferweckt worden. Ich erinnere mich noch gut, als damals im Mittelalter, während den Kreuzzügen und Pilgerreisen über die Gebirge oder in den Zeiten der Pest, die Menschen froh waren, eine Herberge zu finden in der sie versorgt wurden und auch bis zum Ende des Lebens bleiben durften. Diese Zufluchtsorte, ein Hoffnungsschimmer in den Beschwernissen und Bedrohungen des Lebens, nannte man "Hospiz". Nach ihnen bin ich heute benannt und bekannt geworden.

Interviewer:
Da Sie selbst eher zurückhaltend auftreten, möchte ich Sie fragen:
Wie würden Sie sich selbst denn beschreiben?

Palliativa Hospizia:
Wie viel Zeit haben wir?
Es ist eine lange Geschichte, eine ellenlange Liste von Aufgaben, mit vielen Menschen und Einrichtungen. Ich will dennoch versuchen, ein Bild zu malen:
Sterben ist die persönlichste, fremdeste und existentiellste

Situation im Leben. Es ist ein Mysterium, ein Geheimnis, das wir nie ganz begreifen werden. Jeder Mensch muss diesen Weg selbst gehen, aber es ist gut und es tut gut, wenn jemand da ist. „You alone can do it but you can't do it alone". Es ist für mich immer wieder erstaunlich, dass Menschen andere in diese intime Situation hineinlassen, in das Sterbezimmer, eigentlich in einen heiligen Raum. Und dass es Menschen gibt, die an diesem Sterben Anteil nehmen. Die in kurzer Zeit eine Beziehung aufbauen, sich einlassen, spüren, wahrnehmen, all das, was zwischen und in den Räumen geschieht. Dies alles wird gemeinsam gestaltet. Das nenne ich Sterbekultur. Kultur ist, wenn aus dem Chaos und Wildwuchs ein Teil entrissen wird. Wenn Orte und Zeiten freigelegt werden, um sie anderen Bestimmungen zuzuführen, um sie dort zu pflegen und zu beschützen.

Interviewer:
Die Begleiter bringen auch das bunte Leben in die Sterbesituation.

Palliativa Hospizia:
Tatsächlich ist es so, dass die SterbebegleiterInnen das bunte Leben in das Grau des Sterbezimmers bringen: Aktuelle Ereignisse, die Jahreszeiten, die lustigen Begebenheiten, vielleicht auch den Therapiehund.
Das bunte Leben kann sich auch in den Lebensgeschichten zeigen, indem nicht nur gegenseitig erzählt, sondern

manche Ereignisse freigelegt und neu erinnert werden. Auch das Dunkle und Schwarze ist nicht zu umgehen. Nehmen Sie mal von einem Schwarz-Weiß-Foto das Schwarz weg, dann sehen Sie nichts mehr.

Auch den Sarg bunt zu schmücken, zu bemalen, ist eine kreative Auseinandersetzung mit der Trauer. Ein bunt gepflückter Blumenstrauß als Sargauflage und bunte Bilder als Grabbeilagen; solche Anregungen sind echte Trauerbegleitung.

Das bunte Leben ist auch wichtig für die Hospizgruppe, die nicht im Leid versinken darf. Freud und Leid, Leben und Sterben, Hoffnung und Trauer sind gut zu mischen. Auch, und gerade, die Trotzkraft des Humors ist eine Kraftquelle.

Denken Sie weiter nach, wie buntes Leben in die Hospizarbeit eingebracht werden kann.

Interviewer:
Diese Trotzmacht gilt ja nicht nur für den Humor.

Palliativa Hospizia:
Richtig. Der Psychologe Viktor Frankl hat dem weltweit bekannten Bericht über sein Überleben im Konzentrationslager den Titel gegeben: "Trotzdem ja zum Leben sagen". Er beschreibt darin, wie der Mensch auch in verzweifelten und täglich vom Tod bedrohten Situationen Sinn entfalten und trotzdem Ja zum Leben sagen kann.

Bei dieser Sinnsuche und Trotzhaltung können die Begleiter vielfältig unterstützen und etwas von der Hoffnung weitergeben, die Vaclav Havel so ausdrückte: "Hoffnung ist nicht die Überzeugung, dass etwas gut ausgeht, sondern die Gewissheit, dass etwas Sinn hat - ohne Rücksicht darauf, wie es ausgeht."

Interviewer:
Welche Aufgaben würden Sie neben dieser Sinnsuche noch herausstellen?

Palliativa Hospizia:
Einige habe ich ja schon beschrieben. Ebenso wichtig wäre zum Beispiel auch, dem Erfolgsdruck und der Geschwindigkeit die Entschleunigung und das Nichtstun, das "nur" Dasein entgegenzustellen. Wichtig wäre auch, da zu sein und dabei zu bleiben, wenn es schwierig wird: bei den Ängsten, bei Scham und Ekel, der Verzweiflung und Aggression. Möglichst viel der personalen Identität, den Eigenarten und dem Eigensinn wäre zu bewahren und gegen den Identitätsverlust ist zu kämpfen. Dazu gehört natürlich auch die kompetente und professionelle Versorgung des Körpers.

Interviewer:
Wenn ich das alles so höre, braucht es dazu nicht einen Superübermenschen? Können Sie unsere Auswahlkriterien benennen?
Welche Menschen würden Sie für Ihre Mitarbeit denn suchen?

Palliativa Hospizia:
Für die professionellen wie für die sog. ehrenamtlichen Helfer gilt, was Prof. Johann-Christoph Student gesagt hat: „49 % ist Wissen, 51 % und mehr ist Haltung". Eine akademische Ausbildungen und ein Titel sind nicht entscheidend, aber auch nicht schädlich. Viel wichtiger ist ein Mensch, der sich überlegt hat, warum er sich auf Sterbende einlassen will. Der sich mit all seinen menschlichen Schwächen, aber auch seiner Herzensbildung und seiner Lebensweisheit, seiner Alltagskompetenz und Menschenfreundlichkeit, ja seiner Liebe, zur Verfügung stellt.

Interviewer:
Braucht es dazu denn eine spezielle Ausbildung und Qualifizierung? Genügt nicht, um zugespitzt zu fragen, ein menschenfreundliches Herz, eine Kuschelgruppe und eine Hospizkerze?

Palliativa Hospizia:
Viele der angesprochenen Fähigkeiten sind im Leben gelernt worden und werden mitgebracht. Sie sollten nur bewusst gemacht und gestärkt werden. Auch ist es wichtig, nicht mit den Fertigkeiten fertig zu sein, sondern sich auf eine so wichtige und empfindliche Situation gut vorzubereiten: Mit viel Wissen, weil Sterben heute kompliziert geworden ist und mit Handlungskompetenz, weil Sterbebegleitung, Gestaltung von Beziehungen und

Krisenbewältigung ist. Die Regulierung von Nähe und Distanz, das Einfühlungsvermögen, die kommunikativen Fähigkeiten und das Akzeptieren von eigenen und fremden Grenzen müssen reflektiert, ausgebaut und geübt werden. Schließlich soll nicht auf Kosten der Sterbenden gelernt werden. Das Lehrgeld zahlt die Hospizgruppe besser für eine Qualifizierung.

Interviewer:
Also nicht auf Kosten, sondern von und mit dem Sterbenden können wir viel lernen, wie die Schriftstellerin Hilde Domin in ihrem Aphorismus so bewegend und treffend beschreibt:

"Unterricht
Jeder, der geht, lehrt uns ein wenig über uns selber.
Kostbarster Unterricht an den Sterbebetten,
alle Spiegel so klar, wie ein See nach großem Regen,
ehe der durstige Tag die Bilder wieder verwischt.
Nur einmal sterben sie für uns, nie wieder.
Was wüssten wir je ohne sie? ...
Wir, deren Worte sich verfehlen, wir vergessen es und sie?
Sie können die Lehre nicht wiederholen.
Dein Tod oder meiner, der nächste Unterricht
so hell, so deutlich, dass es gleich wieder dunkel wird."

Der Sterbende als Lehrmeister!
Gibt es aber auch Nachholbedarf und Zusatzqualifikationen für das professionelle medizinische Personal?

Palliativa Hospizia:
Für die Ärzte und Pflegenden besteht die Aufgabe, ihre Identität neu zu balancieren: vom Mediziner zum Leibarzt, vom Palliativmediziner zum Palliativarzt und der Palliativschwester. Die stark naturwissenschaftlich-empirisch orientierte Ausbildung muss ergänzt werden durch Phänomenologie und Hermeneutik. Das heißt, dass das mechanische Menschenbild in ein holistisches, also ganzheitliches Menschenbild umgewandelt werden sollte.
Ich habe einen Vetter. Wenn er es übertreibt, wird das Sterben nur noch viel schwerer. Mein Vetter heißt Herr Wissen. Er benutzt alle seine Apparate, sammelt Daten und Fakten, speichert und ruft sie ab. Er benennt die Patienten nach seinem Bild im PC und hält fast alle Teile im Menschen für austauschbar.
Mich tröstet dann immer meine Base Holistika. Ihr Name erinnert an ein Hologramm, indem ja an jeder Stelle das ganze Bild enthalten ist, eine ganzheitliche Sicht und auch Modell für den Menschen.

Interviewer:
Weil wir gerade bei Personen sind, haben Sie auch Gegner?
Palliativa Hospizia:
Zwei fallen mir gleich ein und die möchte ich herausgreifen. Es ist einmal Herr Mammon. Leider beobachte ich, wie aus dem humanen Engagement schon wieder ein Geschäft gemacht wird.
Einem Gegner muss man begegnen. Es ist eine Heraus-

forderung, die uns zum Argumentieren und zu alternativem Handeln nötigt.

Frau Euthanasia, eigentlich ein falscher Name für einen guten Tod, ist auch eine solche Herausforderin, die immer breiter und bedrängender wird. Beweisen wir, wie die Alternative und Prophylaxe aussieht, zeigen wir, dass wir die Ängste ernst nehmen und anders bewältigen können. Wie sagte der Bundestrainer Löw bei der Fußballweltmeisterschaft vor der Einwechslung zu Mario Götze: "Zeig der Welt, dass du besser bist als Messi". Er schoss das entscheidende Weltmeistertor. Auch wir können der Welt zeigen, dass wir es besser können. Bei uns sollen Menschen an der Hand und nicht durch die Hand sterben.

Interviewer:
Hospizbewegung – quo vadis?
Im Johannis-Evangelium fragte Petrus den Herrn, wohin gehst du? Umgangssprachlich heißt das heute:
- Wie soll es weitergehen?
- Wohin soll das noch führen?
- Wohin geht der Weg der Hospizia?

Palliativa Hospizia:
Wie Sie wissen, ist es nicht nur von mir abhängig, sondern von den Menschen, die in meinem Sinne und in meinem Namen handeln.
Sie haben zu Beginn unseres Gespräches die beiden Seiten der Rose aufgezeigt. Die Schönheit und Wirksamkeit der

Hospizbewegung als Bürgerbewegung haben wir schon beschrieben. Jetzt will ich die Stacheln einsetzen, sie alle aufstacheln.

Interviewer:
Das wird uns und unserer Arbeit gut tun. So manches Mal merken wir selbst, dass es in unserer Arbeit etwas klemmt.

Palliativa Hospizia:
Es ist schon gewaltig, was inzwischen erreicht worden ist. Über 1.500 Hospizgruppen gibt es fast flächendeckend in Deutschland. Dazu gibt es noch Hunderte von hospizlich-palliativen Einrichtungen. Und doch wird inzwischen gefragt, ob die Hospizbewegung nicht an ihrem Erfolg zugrunde geht.
Es ist richtig. Die Hospizarbeit ist in die Jahre gekommen. Die Strukturen sind nicht nur gebildet, sie haben sich auch mit der Zeit verfestigt. Teilweise haben sie sich auch schon verhärtet. Der Schwung der Pioniere hat sich verlangsamt, die Gründer genießen Amt und Würde oder sind schon pensioniert. Die Arbeit hat oft zu viel Routine erlangt.
Woher kommt neuer Schwung, neue Motivation, neue Ideen? Eine Zeitlang hat das Ziel, ein stationäres Hospiz zu bauen, die Trauerbegleitung zu etablieren, hat die Schaffung einer Spezialisierten Ambulanten Palliativ-Versorgung (SAPV) in hospizlicher Trägerschaft alle Kräfte gefordert und motiviert. Aber was jetzt? Wir sollten über einen neuen Motivationsschub nachdenken. So ist zum

Beispiel die Spezialisierung für besondere Menschen wie Behinderte und Migranten noch zu wenig entwickelt.

Interviewer:
Gibt es denn noch andere Lähmungserscheinungen, denen wir begegnen müssten?

Palliativa Hospizia:
Die hospizliche Sterbebegleitung und die Palliativversorgung beruht ja auf vier Säulen die einem ganzheitlichen Menschenbild von Körper, Seele und Geist entsprechen. Die vier Säulen sind: die Medizin, die Pflege, die psycho-soziale und die spirituelle Säule. So wichtig und vordergründig die Säulen Medizin und Pflege sind, so sind sie nur zwei Säulen, eben für den Körper. Ohne diese schmälern zu wollen, darf die Bedeutung der beiden anderen Säulen nicht vernachlässigt werden, gerade weil die Autorität des Arztes und der Schwester in den Augen der Patienten und Angehörigen eine so hohe Wertschätzung genießt, was die beiden anderen Säulen sich erst erarbeiten müssen. Sie brauchen Integration ins SAPV-Team und keine Verdrängung.

Interviewer:
Lässt sich dies auch organisatorisch belegen?

Palliativa Hospizia:
Ja, in den Dachorganisationen sind meist Ärzte Präsidenten

oder Vorsitzende. Die Sozialarbeiter, die Seelsorger werden als sonstige Berufe gelistet und in Sektionen verschoben. Dabei sind Ärzte und Pflegende eigentlich erst durch die Hospizbewegung aufgeweckt worden.

Interviewer:
Heute formulieren bedeutsame Persönlichkeiten wie Prof. Reimer Gronemeyer aus Göttingen und Prof. Andreas Heller aus Wien all das, was Sie eben ausgedrückt haben, in einer viel kritischeren Sprache. So sagt zum Beispiel Prof. Heller:
„Statt mit Selbstbewusstsein darauf zu bestehen, dass die soziale Einbettung der Sterbenden die wichtigste Voraussetzung für ein würdiges Sterben ist, lässt sich die Hospizbewegung auf das Stühlchen der Ehrenamtlichen am Bett setzen, die dem medizinischen-pflegerischen Tun selbstverständlich die Priorität einräumt. Statt davon auszugehen, dass sie das Eigentliche hütet, buhlt sie immer mehr um Anerkennung durch die Palliativmedizin ... Die Hospizbewegung ist in der Gefahr, ein Teil jenes Prozesses zu werden, der das Sterben zur Planungsaufgabe werden lässt. Sie ist aufgebrochen, um aus dem Ägypten eines kalten und seelenlosen Krankenhaussterbens auszuziehen und kommt nun nicht etwa im gelobten Land einer würdigen Sterbekultur an, sondern findet sich plötzlich als Teil eines Managementprojektes, das „Sterben" heißt, wieder.
Die Hospizbewegung ist zu erfolgreich. Und sie droht an diesem eigenen Erfolg zu Grunde zu gehen. In spätestens

zehn Jahren wird sie gestorben sein, wenn sie die Richtung nicht ändert, oder sie wird so in die Palliativmedizin inkorporiert sein, dass sie sich selbst nicht mehr wiedererkennt." 2

Und Prof. Gronemeyer sagt dazu:

„Diese palliative Dienstleistung (einer kontrollierten und finanzierten Gesundheitsversorgung) wird durch wissenschaftlich gesichertes Schmerzmanagement, durch standardisierte Spiritualitätsangebote etc. eine professionell-technische Abwicklung des Lebens ermöglichen, die nach Zuwendung, Zeit und Wärme nicht mehr zu fragen im Stande sein wird." 3

Palliativa Hospizia:
Ja, das sind starke Worte und dies ist auch meine Sorge.

Interviewer:
Wer die Wahrheit sagt, braucht ein schnelles Pferd. Ich hoffe, wir kommen da gut raus.
Haben Sie zum Schluss auch noch einen Hoffnungsschimmer, der uns Mut machen kann?

Palliativa Hospizia:
Es ist schon viel gewonnen, wenn wir die Gefahr sehen und auch den Mut haben sie auszusprechen. So können wir rechtzeitig gegensteuern und mit großem Selbstbewusstsein die hospizliche Arbeit verwirklichen. Ein Symbol der

Hoffnung ist für mich der Regenbogen: Bunt wie das Leben, die Erde mit dem Himmel verbindend, ist er ein Brückensymbol, ein Symbol für die Sehnsüchte der Menschen.
Der erste ökumenische Bundestag Hospiz 1974, also vor 40 Jahren in Braunschweig stand unter dem Motto: "Alles beginnt mit der Sehnsucht". Es ist die Sehnsucht nach Werten, die das Leben lebenswerter und menschlicher macht.

Interviewer:
Gibt es eine Aussage, ein Wort, das Sie und Ihre Sehnsucht beflügelt hat?

Palliativa Hospizia:
Es gibt da vieles, was Hoffnung macht. Eine Beschreibung von Prof. Franco Rest, wie wir das Leben beenden wollen, also seine Wie-Worte, sind bei mir hängengeblieben. Ich habe sie aufgeschrieben, wollen Sie sie vorlesen?

Interviewer:
"Wie möchten wir unser Leben vollenden?
- unverzögert
- unbeschleunigt
- persönlich, nicht fremdgeleitet
- schmerz- und symptomkontrolliert
- persönlich begleitet
- spirituell angenommen
- frei von Schuld und Verdammnis

- losgelassen, aber nicht vereinsamt
- einsam, aber nicht allein
- still, aber nicht sprachlos
- angstfrei, aber nicht ohne Furcht
- andere Menschen nicht belastend
- die eigene Biografie schließend
- sozialintegriert
- lebensatt

Niemand sollte erlaubt werden, uns von solchen, nur uns gehörenden Sterbevorstellungen abzubringen." 4

Palliativa Hospizia:
Bei Ihnen fühle ich mich verstanden und aufgehoben.
Aber jetzt muss ich Sie wieder verlassen. Ich bleibe mit Ihnen allen in diesem Sinne geistig verbunden.

Interviewer:
Lassen Sie mich aber noch vorher Ihnen, werte Dame Hospizia, für das Gespräch und die ermutigenden und kritischen Impulse und Antworten herzlichen Dank sagen.

Literatur:
1 DRK-Landesverband Westfalen-Lippe e.V. / Akademie am Johannes-Hospiz Münster, Empfehlungen zur Hospiz- und Palliativbetreuung von Menschen mit
Migrationshintergrund - eine Handreichung, Münster 2013

2 Heller, Andreas u.a. (Hrsg), Wenn nichts mehr zu machen ist, ist noch viel zu tun. Wie alte Menschen würdig sterben können, Freiburg 2007, S. 576-586

3 Gronemeyer, Reimer, Thesen für die 10. Nordischen Hospiz- und Palliativtage 2010, These 7, siehe auch These 9. Vgl. auch Gronemeyer, R. / Heller, A., In Ruhe sterben. Was wir uns wünschen und was die moderne Medizin nicht leisten kann, München 2014

4 Rest, Franco, Zurück zur Hospizlichkeit! Was wir wollten - was geworden ist - worauf wir nicht verzichten sollten. In: Theorie und Praxis der Sozialen Arbeit 2010, S. 56.

9 Der Sterbende an seine Begleiter

*Unsere Wege begegneten sich,
meine Welt wurde auch euer Welt.
Ich gab auch meinen Lebenshauch,
meinen Raum, meine Zeit,
meine Liebe, mein Leid.*

*Mein Lebenslicht,
es geht mit mir in eine ferne Welt.
Ihr bleibt trauernd in der Dunkelheit.
Wo sind meine Träume,
all mein Mühn,
wo ist mein Lachen?
Auch Sterne verglühn.*

*Ich hab all dies euch geschenkt,
gab euch meinen Lebensmut.
Ich gehe euch schon voraus,
doch die Erinnerung lebt.
Auch wenn Sterne veglühn,
seht ihr mein Lachen
in der Liebe erblüh.*

Gisela Rest-Hartjes

Danksagungen

Unterricht
Jeder der geht, belehrt uns ein wenig über uns selber,
kostbarster Unterricht an den Sterbebetten.
Alle Spiegel so klar wie ein See nach großem Regen,
ehe der durstige Tag die Bilder wieder verwischt.
Nur einmal sterben sie für uns, nie wieder.
Was wüssten wir je ohne sie? ...
Wir, deren Worte sich verfehlen, wir vergessen es.
Und Sie? Sie können die Lehre nicht wiederholen.
Dein Tod oder meiner, der nächste Unterricht:
So hell, so deutlich, dass es gleich dunkel wird.
Hilde Domin

Mein aufrichtiger Dank geht zunächst an die Sterbenden und Trauernden, denen ich begegnen durfte, meine Lehrmeister, auch an die vielen Ehrenamtlichen in der Hospizarbeit aus den Qualifizierungsseminaren, Vorträgen und der Beratungspraxis.

Ich danke dem Forum-Verlag Herkert, Merching für die Abdruckrechte aus dem von mir herausgegebenen Loseblattwerk: „Qualifizierte Begleitung von Sterbenden und Trauernden", das nun schon seit 15 Jahren aktualisiert wird.

Nicht zuletzt danke ich meiner Frau Johanna, die Jahrzehnte diese Themen mit mir durchgetragen hat.

Werner Burgheim

Ein weiteres Buch vom gleichen Verfasser:

Werner Burgheim
Im Stehen sterben
Begleitung zu würdevollem Sterben und heilender Trauer

Inhalt
Vorwort
1. Sterbe- und Trauerkultur als "soziale Plastik"
2. Im Stehen sterben
3. Uns allen blüht der Tod - doch welcher?
4. Sterben als erlebte Krise
5. Das Leiden am Leiden
6. Sterben lernen heißt leben lernen
7. Krisen- und Sterbephasen
8. Sterben leben - Eine Lehr-Erzählung
9. Sterbe- und Trauerbegleitung als Schulung von Achtsamkeit und Empathie
10. Psycho-soziale Unterstützungen für Sterbenskranke und deren Angehörige
11. Strukturierte Biografiearbeit mit Sterbenden und Trauernden Die Form des Lebens schließen –
12. Die TrotzMacht des Humors Humor in der Sterbebegleitung ?
13. Womit habe ich das verdient? Vom Umgang mit Aggression, Wut und Zorn
14. Sich selbst betimmen

Heilende Trauer
15 Nimm Abschied und gesunde
16 Trauer, zeig mir dein Gesicht
17 Kindern in der Trauer beistehen
18 Tod und Trauer in der Schule gestalten
19 TrauerWege – Eine Lehr-Erzählung
20 In besonderer Nähe
21 Trost durch gute Gedanken

248 Seiten, 2017 *ISBN: 9783743109988*